U0749670

浙江有意思

"浙江有意思"系列

总策划　王　寒

胡建金 著

丽水有意思

浙江工商大学出版社 · 杭州

作 者 简 介

胡建金

资深媒体人。生于浙江省尾,长在诗画江南,曾在工地干过活,曾在台上讲过课。爱读书,爱生活,爱江南风物。都说丽水是个好地方,读丽水、写丽水,在秀山丽水中,寻找生活的美好,愿头顶有蓝天,脚底有芬芳,笔下有真情。

丽水日报社副社长

原《处州晚报》总编辑

代表作有:

《风雅之城》

《城读丽水》

《处州十大历史名人吴三公》

1

如果要用一句话来概括丽水,最为贴切的无疑是习大大对丽水的评价:"秀山丽水,天生丽质。"

丽水犹如一个躲在深闺人不识的青春美少女,她的天生丽质,是绿水青山的质朴,是蓝天白云的恬静,是不施粉黛的清丽,是你看或不看她都如此好看的自然底色。

2

"春色满园关不住,一枝红杏出墙来。"丽水龙泉的南宋诗人叶绍翁的《游园不值》脍炙人口,千古传诵。以前的丽水,是被关在大山之中的满园春色。如今的丽水,因绿闻名,是一枝红杏出墙来的江南净土。一年四季都有着不会褪色的茂盛草木,把秀山丽水装扮成春意盎然的自然画卷,让人刮目相看。

我有位同事是北方来的,每到冬天他就感慨不已,说丽水的冬天比他老家的春天还绿好几倍。

3

网上曾流行过一个浙江"班委"的名单,丽水被评为文艺委员,理由就是丽水有中国唯一的畲族自治县,也是畲族在浙江的主要聚居地。畲族人民能歌善舞,文艺委员的头衔丽水当之无愧!

浙江的文艺委员——丽水

4

　　确切地说,丽水是浙江的生态屏障,是长三角的生态卫士,是人见人爱的江南绿心,是生态文明的代名词。

　　丽水,位于浙江西南部,坐标在东经 $118°41'\sim120°26'$ 和北纬 $27°25'\sim28°57'$ 之间。

　　有人为丽水制作了这样的名片:浙江老幺,曾用名处州、括苍,字绿,江湖人称"高覆帅""绿富美",又称"浙江绿谷""华东天然氧吧""华东植物基因库""浙江林海""华东植物园""中国生态第一市""养生福地""长寿之乡"……

5

丽水这么多名号,个个都名副其实,尤其"高覆帅"让人心生欢喜。

如果丽水是一块调色板,那绿色永远是它的主色调。放眼望去,水似碧玉山如黛,除了河水和田地之外,其他全都是树。丽水的森林覆盖率接近百分之八十一,在全国地级城市中名列第二,是典型的"高覆帅"。如果用森林覆盖率来划分城市等级,我看丽水绝对可以称一线城市。

6

丽水的绿,绿得纯粹,绿得通透,绿得让你无法看到季节的边界。丽水的花草树木对季节的感知非常迟钝,一年四季都有鲜花盛开、绿叶满枝,因而人们对一年四季轮回也没了感觉。

前些年搞城市绿化时,好多人都认为要让丽水四季分明些再分明些,丽水特意在城里种下了许多冬天会落叶的银杏树,营造"满城尽带黄金甲"的景象,唤醒人们的冬日记忆。

7

丽水开门见山,推窗见水,抬眼见树,低头见草,望得见青山,闻得到花香,听得见鸟鸣,看得清星星,摸得着乡愁,留得住记忆。来过丽水的人都流连忘返,情不自禁要将它狠狠赞美一番。大人物来段精彩的评语,文人写首诗填曲词,普通人拍个照发个朋友圈,不管是哪一种,丽水得到的评价,基本都超出了丽水人的预料。

8

诺贝尔物理学奖获得者弗兰克·维尔泽克教授从美国来到丽水,发现自己非常喜欢这里。这位美国老人说,如果说除了丽水,一定要找一个更"爱"的,那无疑只有物理了。他的这番话,大大拉近了与丽水的距离。丽水人民感觉这位诺奖得主还是蛮接地气的。

9

说起赞美丽水的话,我们常会想到赵洪祝在担任浙江省委书记时曾说过的这句话:"我经常宣传,浙江最美的地方在丽水!"

浙江历史悠久、人杰地灵,有"天堂"之称的杭州,港通天下的宁波,敢为人先的温州,文物之邦的绍兴,鱼米之乡的湖州,四省通衢的衢州……省委书记直夸丽水是浙江最美,这是多么崇高的褒奖啊,一下子让丽水人民心里乐开了花。丽水人终于明白自己之所以低估家乡,正是因为"不识丽水真面目,只缘身在百山中"。

10

赵书记对丽水的称赞并不夸张,到目前为止,对于丽水最牛的评价,莫过于学者余秋雨的评价了。

余老师来大丽水逛了一圈,近距离接触了丽水的真山真水之后,直把丽水夸到了天上:"丽水的文化,已经深深地打动了我。丽水是中国最美丽的土地,应与世界人民一同分享。"他还郑重为丽水代言,写下了八个字的广告词:"此行无悔,浙江丽水!"

丽水媒体称老余这八个字是"以情书写",是送给丽水的最美礼物。

一贯低调没有自信的丽水人,听了余老师的话也愣住了,简直不敢相信自己的耳朵,心里都不禁在问这是什么情况呀,余老师来丽水,是不是醉氧了呢。

余老师说,绝对不是醉氧,"丽水太美了,有机会一定还要来丽水走走!"

11

在浙江,丽水也算是个"高大上"的地方。

所谓的"高",就是它"顶天立地",它是长三角地区的"姚明","身高"有 1929 米。

所谓的"大",就是它"心宽体胖",它的面积实在大,有 1.7298 万平方公里,占了浙江省陆地面积的六分之一左右。有人开玩笑说,如果把丽水的高山摊平,丽水的面积要比现在大一倍。龙泉道太乡是全省陆地面积最大的乡镇,有 351 平方公里,比一些小国家的面积还要大。

所谓的"上",就是它"大干快上",丽水蒸蒸日上,一日千里,天天都在变。这几年凡是来丽水的人,总免不了感叹丽水变化真是快!

12

丽水"站位高",全省没有其他地方可与丽水试比高。大城市有百丈高楼,大丽水有万仞高山。地方志上都说丽水"群峰倚天,湍流据险",丽水海拔千米以上的山有 3573 座。伟人说过,谁站得高谁就看得远,丽水是长三角地区最接近天空的地方。站在 1929 米高的黄茅尖和 1856.7 米高的百山祖上,完全可以俯视江浙大地,似乎伸手就可以摘下满天星辰。仅从江浙第一第二高峰的高度来看,丽水有"居高穷尽千里目,望遍江浙唯我尊"的感觉。

13

丽水的空气非常好,丽水的空气有点甜。

每当各地遭受黄沙风暴,或者是雾霾临城时,丽水都无这个忧伤、烦恼。大家心里反而是偷偷乐着,全国媒体都在免费宣传丽水,幸福感和获得感油然而生。都说上有天堂,下有苏杭,可是一遇雾霾,个个心里都发慌,丽水人却都庆幸自己生对了地方。

有人说,雾霾的出现为丽水做了广告。雾霾来了,介绍丽水好空气的新闻频频登陆中央、省级媒体,好空气在当地上媒体头条的机会,比市领导还多。

全国 74 城的空气质量排名,丽水每月都捧回"十佳"。2016 年,丽水全年好空气天数名列全国第七,有 349 天,空气优良天数、优良率全省第一。真是了不起!

14

丽水能在四面"霾"伏中保持一片净土,全靠好空气。好空气是上天送给经济并不发达的丽水最好的土特产。丽水人民远离雾霾"自强不吸",是一件挺有面子的事。工厂万千,存款万千,哪比得上我好天气全省领先?

15

同一位从欧洲回来的朋友吃饭,席间说起他在朋友圈里看到有条微信,不知是不是真的,微信是这样写的:"有个北京的游客来丽水旅游,到丽水没多久就晕倒不省人事。同伴赶紧叫救护车来给他吸氧,可是吸了半天都没效果。医生问游客是哪里的,同伴说是北京的。医生应了一声,赶紧把救护车的排气管子插进了游客的嘴里,刚插上游客就苏醒了,说这才是家乡的味!"

我听后哈哈大笑,这个段子在好多地方都出现过,用在丽水,也是恰当的。

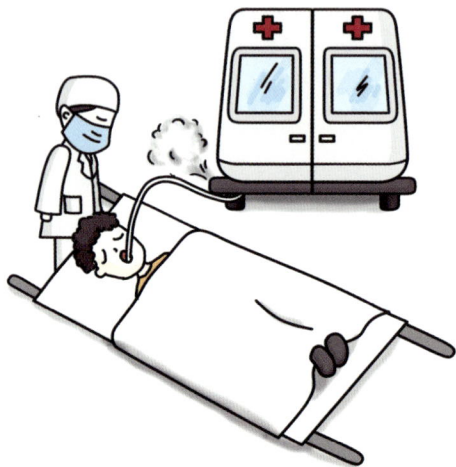

用救护车的排气管子"吸氧"

16

丽水是一个让人醉氧的地方,按世界卫生组织规定,空气中每立方厘米的负氧离子标准浓度达到 1000 个,便是"清新空气";达到 1500 个,即是"特别清新"。丽水空气中每立方厘米的负氧离子平均浓度为 3000 个左右,是"特别清新"+"特别清新",是一般城市的 30 倍以上。

负氧离子又被称为"空气维生素",丽水人天天都吃这玩意儿,所以大家精神抖擞。一位去西藏挂职的朋友一回丽水,就先在家里闭关一段时间,他说:"丽水空气负氧离子这么多,从氧气如此稀缺的青藏高原，一回到'天然氧吧'的丽水，天天进补，醉氧醉得每时每刻都昏昏欲睡。"

17

外地人到丽水会发现一个奇怪的现象，不管是丽水男人还是丽水女人，皮肤都特别好。丽水人说，能不好吗？丽水空气中的负氧离子浓度高，皮肤天天呼吸新鲜空气，就等于是天天在做"氧膜"，不好都不可能。

18

因为丽水空气好，好多人慕名而来，泡一泡森林浴，洗一洗雾霾肺，不仅涤荡一身风尘，也扫尽心灵尘埃。只是好多驴友一扑入丽水的山光水色中，便只顾寻幽探奇，最后往往迷失其中。丽水山高林密、地广人稀，每年都会有好几批驴友在山中"失联"，最后全靠当地群众和警察合力搜山，才将他们找回来。所以有人开玩笑说，丽水就是一个让人容易迷失方向的地方。

19

丽水有好山好水好空气，说到水，丽水非常有底气，放眼浙江大地，无论是东湖西湖南湖太湖，哪里的水也比不上丽水的水。高山深谷出好水，丽水96个监测断面中，达到Ⅰ—Ⅲ类水质断面的有95个，数量位居全省第一。

有人开玩笑说，丽水人挺浪费的，这一江纯天然的山泉水就哗啦啦地全流走了，如果将其做成农夫山泉、娃哈哈，可以换多少银子啊。

有人说，丽水的鱼虾特别高贵，喝的全是矿泉水。大丽水大多河流断面的水都是Ⅰ类、Ⅱ类水，从理论上讲，都可以直饮，可见丽水的鱼虾生活多么奢侈。

每次外地的客人来丽水，人们总会介绍说，丽水的鱼之所以味道鲜美，就是因为它是喝矿泉水长大的。

20

丽水人对水非常挑剔，喝惯了山泉水的丽水人去杭州、上海出差，老是嫌他们的自来水不好喝，讲究的人出差时也会带几瓶自家的山泉水。在丽水，大桶的矿泉水卖得并不好，大多数人都喜欢自己到山上去搬"桶装水"，清晨的白云山上，接水的队伍排得很长。

有专家研究，丽水的水质特别好，最适合泡茶，泡茶在丽水，泡茶用丽水，因为水好，茶也更香了。

21

前几年，浙江一家电视台策划了一个活动，叫寻找可以游泳的河流，好多地方的领导担心自己辖区的河段水质被曝光，唯独丽水的领导心里很踏实。丽水的河流不仅全都可放心地游，而且不少河水可以放心地喝。前不久，丽水经济开发区的主要领导为了证明昔日的龙石溪经过治理后变成清水河,掬起溪水就喝,一下子成了网红。连工业区河道里的水都能喝,丽水还有哪条河流的水不能喝呢?

22

"五水共治"前,省内一位媒体的朋友来丽水,早上刷牙时发现丽水的水实在是太好了,就先喝了几口。这甘甜清冽的水一下肚,他顿时对丽水人羡慕得不得了。他觉得,丽水人喝的水比农夫山泉、娃哈哈都好,太幸福了,而他们连烧饭的水也经常去超市买。回去时,他将车子后备厢清空,装满了丽水的水。他说将这些水带回去,可以煮好多的饭、煲好多的汤。

有位朋友去嘉兴探亲,除了带去补品外,还带了几桶水,结果反倒是这水被亲戚大加赞赏。这位朋友心里默默说,明年过年专门送水吧,其他礼品全都免提了。

23

丽水之所以水好,是因为千百年来,丽水人一直走在"治水"的道路上。大禹治水的精神一直激励着丽水历代的官员与百姓,大禹治水的行动,也在丽水延绵不断。

瓯江上游有条支流叫好溪,好溪旧名恶溪,总长 45 公里,有 59 濑。其中突星濑中流巨石纵横,王羲之游览此地后写了"突星濑"三字,使这里名扬四方。但也正是由于恶溪上游地形错综复杂,所以丽水一直水患不断。

　　唐宣宗大中九年(855)，五十三岁的段成式到处州担任刺史。他到丽水后，兴修水利，治理恶溪，变水患为水利，成为唐代浙江治水的先锋模范。恶溪也因为他的治理，改名好溪。

　　这几年，丽水也在积极治水，城市里两条内河分别为丽阳溪与好溪堰，由市委书记和市长担任河长，原本的龙须沟变成了现在的清水河。

24

　　十多年前，博鳌亚洲论坛秘书长龙永图来丽水讲过一次学，作为媒体记者的我采访了他。他说，之所以想来丽水看看，是因为之前有人送给他一本丽水的山水摄影集，他看到丽水山清水秀，犹如仙境一般，顿时眼前一亮，当即下定决心，要找机会来丽水走一走、看一看。

25

　　丽水的山峻，丽水的水清，丽水的天蓝，丽水的城美。

　　丽水城在水中，水在城中，城在绿中，绿在城中，处处都那么经典。

　　不少外地的游客说，丽水真是个宜居的好地方，丽水人住的，不是山景房就是江景房。丽水的每一座城市都有山、有树、有河流，每一个乡镇都有潺潺溪流穿过，无论是城里还是乡镇，都有成片的江景房、河景房、山景房。有位市领导自豪地说，这样的城市，中国还能找到几个？

26

现在,丽水人觉得自己与欧洲的距离拉近了不少,因为好多人都将丽水当作东方瑞士。瑞士有"世界公园"的美誉,而丽水则有"中国公园"的美誉。丽水的人口密度比瑞士还要低,丽水的山水风光与瑞士极为相似。

27

近几年,丽水因好生态在全国崭露头角。

好生态好比打气筒,将丽水人的底气打得足足的,丽水人由一个自卑的后进生向全国模范生转变。人的自信一旦建立起来了,就连平时讲话的嗓门也会比以前粗。过去丽水的领导干部到省里开经济工作方面的会议,基本上是最后一排坐,最后一个说,讲起发展的问题,声音不敢放大。占全省陆地面积六分之一的地方产生全省四十分之一还不到的 GDP,叫人如何高调得起来呢?

自从"绿水青山就是金山银山"发展理念提出来后,浙江取消丽水的 GDP 考核,丽水这座金山银山露出了真面目,丽水人也渐渐有了自信,从此脱胎换骨,底气十足,丽水的干部走起路来,腰板越来越直,说起话来,声音越来越洪亮!

28

前些年,好多丽水人都调到外地工作,现在,大多数人都不愿出去,甚至有不少人迁回丽水安居乐业。十年前朋友都劝我离开丽水到外地发展,现在他们自己也都纷纷回丽水发展。他们说,赚钱要找金山银山,生活要有绿水青山。

走过千山万水,他们还是选择了秀山丽水。

绿水青山就是金山银山

29

有位丽水人在武汉工作,娶了个当地的老婆,丈母娘不太满意丽水这个知名度不高的地方,每次别人问她女婿是哪里的,她总说是浙江的,如果别人再问,就说是温州的,或者说是温州边上的,绝不提"丽水"二字。

这几年丽水名气大了,央视也时常出现丽水的旅游广告,丽水成为国家旅游城市,丈母娘这才改口说女婿是丽水的。

30

都说丈母娘看女婿是越看越喜欢,现在是丈母娘看丽水越看越喜欢。我有一个朋友,他妻子是上海人,两人谈婚论嫁时,丈母娘这关是死活也过不了。丈母娘坚决不同意把独生女嫁到如此偏远的地方,她跟女儿说,这丽水山旯旮里,有什么好的哦,放着大上海人不做,竟然要跑到嘎乡下的地方去。

一个要嫁,一个不同意,母女僵持着。女儿就出了个主意,说先带父母到丽水看看,如果看了觉得可以,就同意,如果看了这个地方后觉得不行,再下定论也不迟。

丈母娘到丽水后,一看这里的真山这里的真水,喜欢得不得了。丈母娘看丽水,越看越喜欢,看女婿自然也是越看越喜欢了,于是马上应允了女儿的婚事,而且当场表态,这么好的地方,以后他们也要在这买房定居了。

31

好多地方的人都想抱住大上海的"大腿",丽水也是如此,以前老称自己要当大上海的后花园。上海周边,到处都是后花园,丽水这个又远又偏的"亲戚",穷在深山攀远亲,人们还是不太在意它。不过,凭借好山好水好空气,丽水的名气越来越大,如今高铁又通了,从上海去丽水也就两个多小时,这下子丽水不仅变成了后花园,还成了小菜园、小茶园,好多上海人跑到丽水喝个茶、看个山,有时也来过个年,甚至还有些老人跑到山里一口气吃住大半年,住着住着,恨不得在丽水找门亲戚。

上海人喜欢丽水,丽水人也喜欢上海人。丽水到外地搞旅游促销宣传,就属到上海最灵,每次宣传一结束,上海人就一车一车前往丽水。逢年过节,丽水到处都能听到"阿拉上海银"的海派话音。

32

清朝陆以恬在《冷庐杂识》中说:"天下西湖,三十有六,惟杭州最著。"而唐代大诗人白居易诗云:"黄帝旌旗去不回,片云孤石独崔嵬。有时风激鼎湖浪,散作晴天雨点来。"宋代状元王十朋在游完缙云仙都后,更是写下了"厌看西湖看鼎湖"的诗句,在他看来,繁华的都城过于喧闹,还是寄情于真山真水的秀山丽水中,更加舒坦自在。

丽水相比大城市,就如鼎湖与西湖一般,千姿百态的西湖固然风情万种,可不经雕琢的小清新的鼎湖,或许更是红尘之中令人珍惜的风景。

33

丽水,存于闽浙边界的深山里,丽而不娇,显而不露,水静流深,处事不惊。它不羡都市繁华,不争凡尘俗名,只做一个安静的美少女,做一个道法自然的自己。

34

过去,丽水是一个人们不愿意来的地方。

李白在《送王屋山人魏万还王屋》中写道:"缙云川谷难,石门最可观。瀑布挂北斗,莫穷此水端。喷壁洒素雪,空濛生昼寒。却思恶溪去,宁惧恶溪恶。咆哮七十滩,水石相喷薄。"李白用诗歌的形式将唐代丽水的交通环境描写得入木三分。

对于丽水的交通与区位,并非李白一个人如此感慨。刘禹锡在《松江送处州奚使君》中写道:"知君五陵客,不乐石门游。"这说明当时好多当官的人并不愿意到丽水来。

而唐代诗人姚合诗作《送右司薛员外赴处州》中的"远程兼水陆,半岁在舟车",则描述了丽水山高路远,堪比蜀道,从京城到丽水,竟然要半年的时间。不像如今,从西安到丽水,坐高铁,也只不过需要十多个小时而已。

35

自古以来,丽水就是让人来了就不想走的地方。

唐代诗人刘长卿曾用"城对寒山开画戟,路飞秋叶转朱幡"来形容丽水。如此美好的地方,谁忍心辜负?

南宋著名诗人范成大曾在处州任太守,他非常怀念丽水,在《暇日有怀》中写道:"春色重来意未阑,故人一去肯复还。括苍洞天归旧隐,补陀海岸寻神山。"①

故人去了还愿意回来,正是丽水的魅力所致。

36

唐代处州刺史李繁,是个典型的"官二代"。他在道上的名声并不太好,因告密而被人鄙视,娶了恩师的遗孀更是遭人非议。他被贬官到处州后,倒像换了个人似的,全身心都融入这第二故乡,高调做事,低调做人,在这里待着待着,就不想走了。他后来虽然调离,但却选择将家安在丽水。如今莲都不少李姓聚居的村子都是他后代的集聚地。

宋代郡守王元是江西人,到处州后就选择落户,定居在老丽水县西阳乡桑田(今云和解放街北)。

遇见丽水,一见钟情。像这样的事情,历史上不胜枚举。

37

杭州人喜欢丽水已有上千年的历史,难怪王十朋会将鼎湖与西湖作比。早在北宋时期,杭州就有一个大家子弟跑到丽水来了,他就是宋代的状元沈晦。沈家是杭州的望族,也可以称为杭州的学霸家族,一门中出过状元、榜眼和探花。大家对沈晦可能比较陌生,但他的曾叔祖沈括大家就比较熟悉了。沈晦曾在丽水当官,对丽水一见倾心,决定将根扎在丽水,定居在松阳,并发出了"惟此桃花源,四塞无他虞"

---

① 注:补陀即为普陀。

的感叹。

此外，宋朝赵氏王朝中还有一个皇族宗亲，宋太祖的七世孙赵伯仁从汴梁浚仪（今河南开封）迁居到处州青田，居住在青田县城新市巷内，在此繁衍生息，到了他孙子赵希怿时，赢得了三代八进士的傲人功名。

38

杭州太子湾公园是西湖边非常重要的一个景点，也是西湖边最受杭州人喜欢的地方之一。每到春天，这里总是开满了樱花和郁金香。

太子湾的名字，与青田人赵希怿的儿子有关。

太子湾是南宋庄文、景献两位太子的攒宫。攒宫是古时天子暂时停棺的地方，庄文、景献太子埋葬于此，于是这里便有了太子湾的名字。

景献太子是青田人？不是皇子的公子怎么会成为太子呢？原来景献太子名叫赵与愿，是宋太祖的十一世孙。

39

宋代非常有意思的一个现象是赵氏江山轮流坐，北宋自开国皇帝赵匡胤之后，皇帝一直是赵光义一脉的，而南宋在第一个皇帝宋高宗赵构之后，皇位重新回归赵匡胤一脉。

南宋皇帝生育能力普遍不太好，不少皇帝因为子嗣少，孩子夭折后就没了亲生儿子，等到下一个孩子出生，往往不知猴年马月。主少国疑，遇到这种情况，皇帝总是从族中过继一个品端聪慧的孩子当太子。

1198 年，在宋宁宗失去亲生儿子之后，由丞相京镗等人推荐，赵希怿六岁的儿子赵与愿被接到了宫中，成为宁宗的继子。

赵与愿虽是皇亲，但在极讲究嫡庶排序的封建王朝中，能入宫成为皇子，与赵家在青田的这一支诗书传家的家风有很大关系。青田赵家代代苦读，因此三代人出了八位进士，这在科举选贤的制度下，是天下仕人的楷模。在以儒术治国的宋代，赵与愿借助家庭原因脱颖而出，拿到了皇权接力棒。

赵与愿进宫后，受到了良好的精英教育。十一岁当上威武军节度使，被封为卫国公。十六岁被立为皇太子，开始参与政事。可惜的是，1220 年，赵与愿英年早逝，年仅二十九岁。与愿最终未能如愿，这位来自旁支的公子哥无缘皇权帝位的交接，却成就了西湖边的一个名字。

40

青田现在还保存着宝幢街和圣旨街这两条千年老街。

据说，宋宁宗下旨诏赵与愿入宫时，赵家在新市巷举行了非常隆重的迎候圣旨仪式，宋宁宗除依照规定礼仪外，还特别颁赐宝幢两面。正因为这样，这条街被百姓改名为"宝幢街"，而这里通往赵府，长不足百米的街巷被称作"圣旨巷"，现在又改为圣旨街。

只是，现在当地很少有人知道景献太子的往事，走过路过这两条街的人们，大多也不知其中深厚的人文背景以及这里与杭州太子湾的关系。

赵与愿在青田宝幢街迎候圣旨，拿到了皇权接力棒

41

丽水是浙江的边城，与省内的温州、台州、金华、衢州和福建的宁德、南平是左邻右舍。

丽水的龙庆景三县与宁德、南平毗邻，往往一脚跨出去，就身跨两个省了。

42

丽水与宁波，虽不相邻，不过名字蛮般配，宁波波宁，丽水水丽，可以凑成一副对联了。

丽水有个县叫庆元，过去宁波也叫庆元府。南宋庆元元年

(1195)，宁波由明州改为庆元府，元朝至元十三年(1276)，称庆元路。明洪武十四年(1381)，为避国号讳，朱元璋取"海定则波宁"之义，将明州府改称宁波府。

由于庆元与庆元府的关系，好些人都认为《三字经》作者、宋代名儒王应麟晚年在庆元县的竹口隐居，《三字经》就是在庆元写出来的。《庆元县志》记载，当地有座古桥上曾悬挂有"宋王伯厚先生故里"的牌匾。清朝咸丰二年(1852)修订的《王氏族谱》中还记载了王应麟的事。

当然也有宁波的专家认为，《三字经》作者晚年一直在宁波城里生活，死后也葬在宁波，不可能跑到竹口去，竹口的王氏，应该是他的后人。

这一切的误会，或许是由于庆元与庆元府长得太像了。

43

丽水古属会稽郡，与绍兴也算是老亲了。

有人说，庆元与绍兴不是相差几百公里，而是三十五年的距离。

赵构逃到杭州的第四年，南宋政权处在风雨飘摇之中，由于被金人所逼，他只好在江浙一带到处奔窜。公元1131年逃至绍兴，那时绍兴叫作越州，到了越州，他心情大好，"绍祚中兴"，于是改元为绍兴，改越州为绍兴。从1131年至1162年，绍兴年号共存了三十二年。

绍熙五年(1194)，宋代发生了一次非常有意思的宫廷政变，皇亲与外戚联合，逼退宋光宗，拥立宋宁宗登基，史称"内禅登基"。宋宁宗赵扩登位的第二年，将年号改为庆元。两年后，为丞相所器重的吏部侍郎胡纮极力向朝廷推荐自己的家乡,他认为家乡庆元离县治龙泉太远,很不便,民众请求建县,州县也向朝廷打了报告,希望朝廷能考虑考虑。1197 年 11 月,宋宁宗以年号赐"庆元"为县名。

这两地都是南宋年号,前后也就相差了三十五年。

44

丽水是浙江省陆地面积最大的地级市,舟山是浙江省陆地面积最小的地级市,陆地面积只有 1440.12 平方公里,但如果算上海域面积2.08 万平方公里,舟山比丽水还要大。

舟山和丽水的共同特点就是好空气,它们是浙江省空气最好的两个地方。一年中好空气的天数丽水会比舟山多,不过,单从 PM2.5 来看,舟山的空气质量排在丽水之前。有人说那不奇怪,舟山都是海,海风一来,空气中的粉尘就被吹到海里了。也有人说,舟山空气中粉尘虽然比丽水少些,但丽水的空气比舟山的空气营养好,而且气味纯正,不像舟山的空气,里面飘着海鲜味。

45

丽水与湖州,都是水乡。丽水与安吉是"绿水青山就是金山银山"科学论断的萌发地,都是走绿色发展道路的楷模。习大大在安吉视察时曾说过"绿水青山就是金山银山",到丽水时特别强调"绿水青山就是金山银山,对丽水来说尤为如此"!

丽
水
有
意
思

46

丽水与嘉兴,一南一北。浙江省曾有个发达地区帮扶丽水、衢州的工程,叫山海协作,丽水是山,嘉兴是海,两地的山海合作,也叫南北合作。以前,浙江以钱塘江为界,钱塘江以北的统称浙西,钱塘江以南的统称浙东。如此看来,丽水向嘉兴学习可称为西风东渐,嘉兴帮助丽水,也可称"东拉西扯"。

嘉兴人与丽水人的合作项目,要么叫嘉丽××,要么叫丽嘉××,叫起来都是蛮好听的。嘉兴有家房产公司,在丽水造了个楼盘就叫丽嘉花园。嘉兴人与丽水人结婚,看来可以叫嘉丽通婚。

47

金华居浙中,衢州居浙西,丽水居浙西南,三地好像一个等腰三角形,所以金丽衢三地时常被人称为"金三角",其实金丽衢不过是一个交通圈罢了,丽水人感觉还是跟温州、台州比较亲,丽水与温州经瓯江贯通,成了一条藤上的两个葫芦。

衢州、金华与丽水的界线自古以来都比较清晰,衢州是唐武德四年(621)从婺州分出来的。

我们经常讲金丽衢,这主要是因为现在从区域上而言,这三个地方背靠背。其实历史上温台丽才是真正的联合体。温台丽曾叫永嘉郡,属于瓯江灵江流域带,历史上曾是一个整体。西汉时这三个地方都是东瓯国之地,后来的临海郡、永嘉郡,丽水与台州、温州都曾是一个整体。

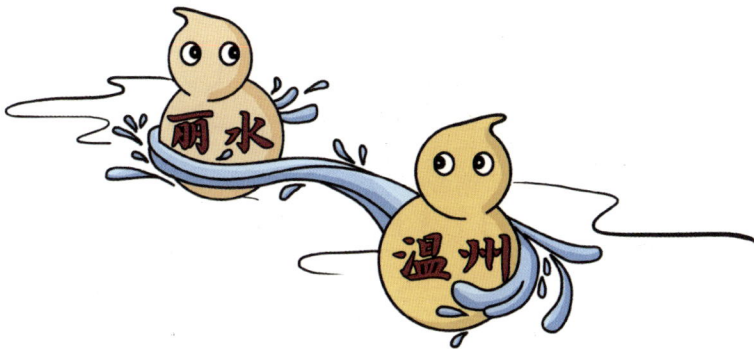

丽水与温州以瓯江为纽带而贯通

48

　　丽水地处浙闽边陲,有时一脚踩下去就横跨两省。

　　丽水偏远山区的手机信号一不小心就漫游到省外去了,一些偏远的山村的公路也是从外省外市接过来的。比如遂昌人去西畈乡,常常会绕道衢州江山,以前去门阵村则要绕到金华市区附近再拐过去。

衢州向左，丽水向右

49

丽水与温州可以套用李之仪的词描绘："君住瓯江头，吾住瓯江尾。日日思君不见君，同饮一江水。"

丽水人崇拜敢为天下先的温州人，也经常傍这个"大款"。以前，在外地做生意的丽水人会"顺便"称自己是温州人。在国外的丽水华侨，不少都称自己是温州人，温州召开侨商大会时，邀请了不少青田华侨。

以前，丽水的女人曾沿江而下，以嫁给温州人为荣。丽水的木材顺水而下，直接被卖给了温州人。丽水招商引资，也盯紧温商。现在温州人反而羡慕丽水的蓝天白云,有些有钱的温州人直接奔丽水当起了"新丽水人"。

50

外地人到丽水当领导,没多久就全被丽水同化了,讲起我们的大丽水,反正什么东西都是好的。

丽水的领导干部都非常喜欢抢旅游局长的活,他们无论到哪参加不管是专业或是不专业的会议,凡是轮到他们发言时,最后总免不了来个热情洋溢的邀请,滔滔不绝地将丽水好山好水好空气和盘托出,把丽水的风土人情全都拿出来晒一晒。丽水这位浙江小弟弟因这种热情,渐渐被人另眼相看了。

51

说起丽水,"丽水"与"丽水",其实大不一样。为了划清界限,丽水本地人常会用"老丽水"和"新丽水"来加以区分。

老丽水年纪比较大,一千四百多年前就诞生了。新丽水比较年轻,可以说仅百多年历史,如果从撤地设市时算起,只有十多年的历史。

丽水也有新老之分

52

　　想要搞清楚丽水与丽水，还是挺麻烦的，须认真翻一翻老丽水的"家谱"。

　　老丽水在各个兄弟县中，不算老大，也不算老幺。它的老爹叫处州，这个处州是在隋开皇九年（589）出生的。处州基本上是今天丽水市的全部地方以及金华武义和温州文成的部分地区。

　　现在，老丽水的老爹处州的影子还随处可见，比如丽水有家都市类报纸叫《处州晚报》，丽水行政中心前面的公园叫处州公园，丽水有个网络论坛叫处州论坛,处州中学、处州商城、处州府城、处州大酒店、处州宾馆、处州国医馆……处州是这座城市的一个文化符号。

53

处州作为行政区划名称,已淡出江湖上百年,这一名号的来历,一般人还真不太知道,所以大凡挂了处州开头的单位,外地人问起来,丽水人费神解释老半天,人家还是听得云里雾里。更有意思的是《处州晚报》的报头有点潦草,用的又是繁体字,采编人员到外地交流时给人家发名片,经常有人问"你是虞州晚报社的?""你是不是广州晚报社的?"这"處"字真是成了一个坑,文化人也逃不过。

54

好多人搞不清楚,丽水过去为什么叫处州。

古人注重天地感应、天人合一,因此分州置郡时,总会夜观天象,寻找空中对应的星辰,因而州名一般与星座有关。金华原来叫婺州,因为分野对应婺女星,故叫婺州。处州也是如此。

据明代的《名胜志》载:"隋开皇九年,处士星见于分野,因置处州。"由此看来,处州之名是因为丽水对应天上少微星座,少微星共有四颗星,最南一颗星名为处士星,所以就有了处州这个州名。

55

叫处州,也会遇到麻烦事,有人戏称,处州人简称处人,处州的男子简称处男,处州的女子简称处女。

有丽水人认为,"处"字就是"处里"的意思,"处"用老丽水的话念起来,就是"家里"或"屋里"的意思,这"州"字则是"待着"的意思,"处州"意为在家里待着,正是因为这种理解,无论是丽水男人还是丽水女人,都是顾家的好男人好女人。

56

丽水的名与号特别的多,《太平寰宇记》中称:"处州治丽水,古缙云之墟。"新丽水除叫处州外,还曾称永嘉郡、缙云郡、括州、安南府。

处州于隋开皇九年(589)置州,18 年之后改为永嘉郡。再过了 14年到唐武德四年(621)时改为括州,天宝元年(742),改称缙云郡,乾元元年(758),又改括州,大历十四年(779)重新改为处州。元朝至元十三年(1276)改为处州路,至正十九年(1359)改为安南府,随后改为处州府。辛亥革命成功之后,处州府被改为处州军政分府,1912 年撤销处州军政分府。

1949 年 10 月设丽水专区,1968 年改称丽水地区,1978 年设立丽水地区行政公署。2000 年撤地设市时,丽水地区顺理成章地变为丽水市。只是此丽水市,并非老丽水市。

57

老丽水之名,最早出现在唐武德四年(621),这一年,处州改为括州,括苍县分为括苍和丽水二县,丽水始见经传。

四年后的 625 年,丽水县重新并入括苍。到了 779 年,括苍县的"括"字撞了太子李括的讳,因此县名又改回丽水。此后,丽水县名一直沿用到 1986 年改为县级丽水市为止。2000 年撤地设市时,原县级丽水市被撤销,成为莲都区。

58

我们见过爹妈给孩子改名字的,但是几乎没见到过老爹将儿子名字据为己有的。但在地名中,却是司空见惯,丽水只不过是其中一个而已。

好长一段时间,大家都不适应,地委书记变为市委书记,行署专员变为市长,人们的第一反应还是老丽水。而县级丽水市的人也不习惯,这堂堂的市一下子就变成区了。

到目前为止,丽水市区的人几乎没有人会说自己是莲都区人,都说是丽水的。大凡说自己是莲都的,基本是市区之外的。现在专家学者最怕讲丽水的历史文化,这丽水,到底是指哪个丽水,讲明白得花好长时间,实在是让人头大。

59

2010 年，我们组织过一次历史名人的评选活动，专家们一致认为，丽水地名历史沿革过于混乱，容易让人产生误解，于是评选活动将名人生活年代时间下限设为 1911 年，评选的对象改为处州十大历史名人，这样就规避了处州与丽水、老丽水与新丽水的混淆问题。

60

丽水的县名出处有好多种说法，一说为丽阳山下的水而得名。明代丽水人何镗总纂《栝苍汇纪》时称："县北七里有丽阳山，下环清溪，县名丽水以此。"清道光版《丽水县志》《名胜志》《浙江通志》也记载："因县北七里有丽阳山，故以丽水为名。"

一说是隋就改为丽水，与治水有关。《元和郡县志》记载："丽水本名恶溪，以其湍流阻险，九十里间五十六濑，名为大恶，隋开皇中，改为丽水，皇朝因之，以为县名。"

所以，丽水之名究竟源于哪里，让人糊涂，反正大多丽水人是搞不清的。难怪丽水人很喜欢说的一句话就是"弄不灵清"，丽水人常会骂人"脑不清"。

61

丽水下辖七县一区一市，一区就是指莲都区。由于莲城之故，老丽水并不舍得放弃"莲"字,县级丽水市改名时,就取名叫莲都。

据说当年广发英雄帖,向全国征集区名,组委会共收到808个名字,其中不少与莲有关。有的干脆说不用改了就叫"莲城区",有的说叫"荷花区"。

最后决定叫莲都区,原因就是《方舆纪要》称丽水城"众山环簇,状如莲花",《栝苍汇纪》中又称处州"北接台、婺,东引瓯、越,西交三衢,万山中一都会也"。取两本书中的内容为老丽水取名,多少有点杂交水稻的味道。

62

莲都与莲城一样,也容易让人误解。

外地人老觉得老丽水叫莲城,就必定举目都是荷花,但丽水市区根本没有荷花,所以他们认为叫莲城名不副实。丽水人也认为,没有莲花岂能称莲城?

丽水自中唐以来就有"莲城"之称,20世纪40年代后期至中华人民共和国建立初期,丽水城关还称莲城镇。丽水有个官办的宾馆,叫莲城宾馆,现在生意还非常红火。丽水市中心有个公园叫丽阳门公园,这公园里建有一座城市的标志性雕塑,其也用"荷花"形状来体现莲城的称呼。

但这些与种莲都没有关系。

古时之所以将丽水称为莲城,是因为唐中和年间(881—885),处州府治自括苍山麓括州城(今古城)迁至小括苍山上(今万象山烟雨楼一带)。因为四周群山环绕,比较像莲花,所以就有了莲城之说,并不是因为种莲才称莲城。元代《万象山崇福寺记》碑记载:"余又思处郡城向名莲城,识者谓旧城在小括苍山,众山环簇,状如莲花,故名。"

没有莲花的莲城

63

莲城虽不种莲,处州却是莲子的产地,处州白莲是公认的地方特色产品,具有粒大、饱满、色白、肉绵、味甘五大特点,为莲中珍品,曾经是朝廷贡品。处州白莲原产宣平县,可几十年前,宣平所属地域分别划归老丽水县和武义县,那么老宣平县城柳城一带产的处州白莲到底算丽水特产还是金华特产呢?

64

　　莲花即荷花，又名水芙蓉等，是中国十大名花之一，其中通外直、不蔓不枝、出淤泥而不染、濯清涟而不妖的高贵品质为世人所称颂。莲花不仅有很强的观赏价值，还有很高的经济价值。

　　老是让人说丽水是莲城却看不见莲花，丽水人觉得无奈且无趣，于是决定要制些"接天莲叶无穷碧，映日荷花别样红"的美景，大有光复处州白莲品牌之意。

　　富岭街道不少人庭前屋后都种了荷花，他们觉得到处都有"兴尽晚回舟，误入藕花深处"的意境；老竹人也种了好多荷花，他们认为那是"庭前落尽梧桐，水边开彻芙蓉"的美景；而利山村则说他们那里到处都是"惟有绿荷红菡萏，卷舒开合任天真"的镜头。

65

　　如果不是有隶属关系，处州与丽水本是风马牛不相及的两个地名。叫什么名字，本来也只是符号而已，但有意思的是，处州、丽水、莲都三者一脉相承，这三个地名都含有多音字。

66

　　处州与丽水最大的相同点，就是它们都经常被人读错。以前曾有民间传言说有领导总将"处"字读成第四声，于是便认为"处州"就是处理官员的地方,过去许多官员都贬到这里,这个处字,对仕途而言不太吉利,所以撤地设市时,人们坚决不同意将丽水改回处州。

"丽"字也经常被读错,据说丽水是全国最容易被读错的地名之一,不少专家学者、领导大腕都将它读成丽(音"立")水。人民日报微信公众号发文称:"浙江的丽(音"离")水被误读成丽(音"立")水,它可能是被误读得最多的地名!"

67

一字两读并不影响人们对丽水的理解,无论是读第二声还是第四声,顾名思义,丽水就是美丽的水。

而且,读着读着,也就顺了,现在不少丽水人将"丽"字读成第四声。走的人多了便成了路,字读错的多了,这错误的读法反而成为主流了。

68

丽水人关于"丽"字的读音极其矛盾。丽水的"丽"字读第二声,但丽水因丽阳山而名,这丽阳山的"丽"字却是从来没有人会读第二声的。

丽水人把丽青路、丽阳门、丽阳街中的"丽",统统读成第四声"立",而且从来没有人觉得这与丽水的"丽"字有什么关系,因而也没有人觉得这种读法是别扭的。

69

郑板桥将难得糊涂作为人生的一种境界,从历史的角度来说,丽水这座城市,却是真的糊涂。不仅地名读不正确,就连当年的州治在哪里,也是搞不清的。

处州自隋开皇九年置州,这州治设在哪里,也无明确定论,有人说在古城岛上,有人说在括苍山上,但是一直都没有搞清楚,专家学者写了很多文章,在媒体上也展开了辩论,最后不是越辩越明,而是让大家越看越糊涂。

70

处州曾称括州,丽水县古时也叫括苍县,也有人认为,这"括"字错了,应该是"栝"字。叫"括苍"还是"栝苍",两派专家都在报纸和微博上写文章,相互质疑。公说公有理,婆说婆有理,只有读者云里雾里。还是演员方野先生有智慧,他说:"其实很好理解,古人写毛笔字,本应该是木字旁的'栝',行草书随手随性写来,木字旁和提手旁,就很难分辨,书办或者书吏认为是提手旁,以讹传讹,就是括苍了。这应该是个很美丽的错误。这一错,错得好!处州括苍,万山苍苍都归处州。大气。"

按他这种说法,那会不会原来是提手旁,用毛笔写着,一潦草就看起来像木字旁呢?栝苍犹如写实的画作,而括苍则如诗一般让人充满想象的空间,既有韵味,也显霸气。

《荀子·正名》中说:"名无固宜,约之以成命,约定俗成谓之宜,异于约谓之不宜。名无固实,约之以命实,约定俗成,谓之实名。"如此看来,叫什么,又有什么关系呢?

71

在丽水看明星的演唱会,常会碰到一些明星为了热场,一上台就朝观众朋友热情地问候:"丽江的朋友,你们还好吗?"

这种套路,走穴的明星是惯用的,这时现场都会一片骚动,尖叫成一片。好多丽水人都说,这话听了真不爽,怎么这么不靠谱啊,赚了我们丽水人的钱,居然还分不清丽水和丽江。

有位市领导曾十分感慨地说,有一次他去武汉参加一个论坛,包括他在内有四位嘉宾,当其他三位嘉宾听说他来自丽水后,第一位嘉宾说丽水好像发生地震了,第二位嘉宾说丽水的玉龙雪山非常漂亮,第三位嘉宾说丽水纳西族的走婚非常有特色。这位市领导感到非常郁闷,因为他们都以为他来自丽江。

丽水与丽江,可以说是兄弟,丽江名气比丽水大点,一个是江一个是水,相近度还是比较高的,所以走穴的明星们,初一看就看走了眼,以为到了云南丽江。朋友说,如果有一天那些明星到丽江开演唱会时一上台就问"丽水的朋友,你们还好吗?"那就好了。

其实丽江过去还真的叫作丽水,明星们若是将丽江说成丽水,无非是叫了人家的小名而已。

走穴的明星常会将丽水误称丽江

72

水利万物而不争，水丽一方而不喻。所以仁者乐山，智者乐水，取名丽水，多有智慧啊，既直观又美好。叫丽水的地方，也并非独一无二。

金沙江有个别名叫丽水。《大元大一统志》有记载："金沙江，古丽水也，今亦名丽江。"

在温州的楠溪江边的小镇上有条临水的街道，千百年来人们就叫它丽水街。

更有趣的是，韩国也有个城市叫丽水，两座城市因同名相连，因地名结缘，成为"亲家"，丽水的领导常去"串门"，长腿欧巴市长也常来"走亲"。

73

　　韩国丽水和中国丽水不仅是友好城市，还可以说是孪生兄弟，是隔海而望的"双胞胎"。

　　首先是两地历史沿革惊人相似，我国丽水前身处州在 589 年建置，丽水县建于 621 年，1986 年改为县级丽水市。2000 年，丽水撤地设市，丽水成为地级市。

　　而韩国丽水市也是在公元五六世纪就建置，那时称猿村县。在公元 940 年的高丽时代，更名为丽水县，自此丽水一名沿用至今。1897 年，设置丽水郡。20 世纪 30 年代丽水郡升格为丽水市。1998 年 4 月 1 日，丽水市与丽川市及丽川郡合并，仍称丽水市。

　　真是无巧不成书呀！

74

　　从生态的角度来看，我国丽水是中国生态第一市，森林覆盖率约 80%，韩国丽水林地占 63%。

　　我国丽水年平均气温为 17.8℃，雨量充沛，年平均降雨量 1568.4 毫米。韩国丽水年平均气温在 14.6℃，年平均降雨量 1648 毫米。

　　我们丽水有 3 所高校，韩国丽水也有 3 所高校。

　　两个丽水如此相似，这可能也是丽水人喜欢韩剧的一个原因吧。那年韩国丽水举办世博会，很多丽水人跑到韩国的丽水去参观，好像是在我们自己丽水举办似的。

不过,"萨德"来了之后,丽水人一定会觉得,我们的丽水与他们的丽水,还真的是不一样的。

75

"金生丽水,玉出昆冈""黄金生于丽水,白银出自朱提",丽水人读到《千字文》或《幼学琼林》里这两句时,都会非常开心,很多人都会说,几百年前,我们丽水就开始打广告了。

76

以前,我曾注册过一个微博账号,用户名叫金生丽水,后来有朋友严正指出,现在市里主要领导的微博名叫金山丽水,你的叫金生丽水,容易误导人,好几次将你发的东西错认为是大领导发的东西了。

哈哈,那就虚心接受建议,改成黄金生于丽水。中国的文字很活络,就比如写诗,一句四个字、五个字、七个字,都可以表达相同的意思,"金生丽水"与"黄金生于丽水"亦如此。

77

"金生丽水""黄金生于丽水",一般人认为这两句话中的丽水,并非指浙江丽水,而是指金沙江。金沙江除曾叫丽水外,还有马湖江、神川等名称,它沿河盛产沙金。《大元大一统志》有记载:"金沙江,古丽水也,今亦名丽江。"《丽江府志》也是如此说:"其曰丽江者,则以产沙

丽水有意思

金得名金江,即古若水者是也,一名丽水者是也。"

78

如果硬说金生丽水是丽江,那么《韩非子·内储说上》中所说的"荆南之地,丽水之中生金,人多窃采金"的丽水,又是指哪里呢?

战国时荆国即楚国南部,荆南与金沙江相隔甚远,因此,丽水或许并非指某条河流,生金的河流其实比比皆是,我们的瓯江也是流淌着金沙的河流啊。

79

人类发现金子,最早应该是从河流里的沙金开始的。沙金源于矿山,露出地面的金矿石风化后崩裂,细小的金矿石便脱离矿脉顺水而下,自然沉淀在沙石中,在河流底层或沙石下面沉积为含金层,从而形成沙金。千淘万漉始见金,沙金颗粒大小不一,大的像蚕豆,小的似细沙,形状各异。

"丽水之金不守",荆南河里的沙金,谁见了都可以淘去,所以相当难管理。但恰是这沙金,成了发现金矿的引信。

几十年前,有江南第一矿之称的遂昌金矿之所以能重见天日,就是因为几个地质队的同志在丽水市区瓯江河段洗澡时发现了沙金。他们沿河而上,终于找到了江南最大的金矿——遂昌金矿,从而揭开了丽水千年前的采金历史。

丽
水
有
意
思

80

　　每个人都会有淘金梦,如果你觉得圆梦比较困难,那么便捷的圆梦办法就是去遂昌,只要花上几十元的门票钱,就能够淘一回金。

　　在杭金衢高速上,常会看到"到遂昌金矿淘金"的巨幅广告牌,遂昌金矿凭借黄金的神秘生产流程和黄金的身价,吸引了不少游客。他们开辟了一个小池塘,埋上厚厚的一层沙子,事先撒下小金箔片,制造了水中流金的景象。去遂昌的人,都会淘一回,尤其是小孩子,每每淘到一片小金箔都会兴奋不已。

遂昌金矿的淘金池塘

81

遂昌金矿还是挺好玩的,乘坐小火车,从这个洞到那个洞,一下子就从唐代跨越到明代。数百年的历史,就在一瞬间经过。

遂昌金矿早在唐代时就开始开采,宋明两朝时作废。北宋元丰年间的永丰银场至今仍留有完整的开采遗迹。

遂昌金矿数百年前之所以停采,是因为明代发生了矿难。

遂昌金矿的停采,涉及一个地方官,他就是被称为"东方莎士比亚"的汤显祖。

万历二十五年(1597)春,太监曹金任江浙矿使,到达遂昌督办银矿坑冶,并虚报矿坑七十三处,勒逼时任遂昌县令复开黄岩坑矿洞。彼时在遂昌担任县令的汤显祖认为矿中积水严重,复采容易导致矿洞坍塌。再加上他对朝廷极其反感,于是辞官回乡。"中涓凿空山河尽,圣主求金日夜劳。赖是年来稀骏骨,黄金应与筑台高。"从他写的《感事》中,可以看出他对此事极为不满。

汤显祖的预见是完全正确的,他走后不久矿洞便发生坍塌,而且由于当时采矿水平低下,也无矿可采,朝廷只好放弃,此后这里基本处于作废的状态。

82

好些连续剧中都会提到"黄金万两"这个词,其实"万两"是非常了不得的数字。遂昌金矿恢复开采后,至今已累计生产黄金 14000 千克,近三十万两,价值数十亿元了。

遂昌金矿亮瞎眼,一进洞中,似乎所有石头都是金光闪闪的,遂昌金矿抓准了人们对黄金的崇拜,专门打造了一块 10 多千克重的金砖,价值数百万元,在黄金博物馆里专供人们观赏和拍照。导游说如果谁能用两个指头将它拎起来,就可以将其带回家。多少人看到这块金砖,都两眼放绿光,只是鹰爪功没练成,根本无法撼动这块金砖,只好花 20 元把金砖的照片带回去。

看来,去遂昌金矿,还得先练好指力,说不准,这价值 300 多万元的金砖,就抱回家了,这可是与中 500 万彩票差不多的。

83

金子是黄澄澄的,可金矿石却是黑乎乎的,那些看上去黄黄的矿石,其实并不是金矿,而是黄铜矿,也叫愚人金。

话说当年金矿下有一个村子里的一户人家很穷,儿子大了,说了几门亲都没成,原因就是大家都嫌弃他家太穷。无奈之下,他就想了个办法。有天他高调与村人说,他家有一块金矿石传家宝,价值连城。村里人都去看,他将一块黄澄澄的矿石拿出来给村民一饱眼福,村民见了羡慕不已,认为这宝物值不少钱。一传十,十传百,十里八乡都知道他家有宝,所以好多人争着将女儿嫁给他。

他的妻子嫁给他后见过一次那块石头,之后就一直没看到过。每次家里遇到困难时,她都动员家里将这块宝石拿去换钱,但他坚决不同意,说这是祖传之物,卖了就买不回来了,困难不可怕,只要夫妻同心,总是有办法的。后来,日子渐渐好转,孩子都长大成人了,有次他与朋友在家喝酒,不小心说漏了嘴,妻子才知道真相,原来,那根本不是黄金,而是黄铜矿,根本不值钱。

愚人金原本就是一块石头,所以故事如何讲太重要了。

84

现在,"金生丽水"也渐渐被用在丽水的城市广告上。说起城市的广告,无论哪里,都牛不过江山城市宣传的广告词,毛爷爷写了句"江山如此多娇",江山人认为身为江山清漾毛氏后人,这是他为江山量身定做的宣传语,于是将其用得恰到好处。

丽水则不同,"金生丽水"最早是用在丽水农村金融体制改革中,丽水农村金改,还是改出了花样,农村的林权可以抵押,住房也可以抵押,丽水生金,成为全国的典型。

85

丽水是一个天然的养生堂,丽水很养人,有人说丽水的山水就是养颜丹。

丽水人很会养生,丽水市还专门设有养生办,这在全国其他地方估计是没有的。丽水还专门成立了养生协会,下面设有食养、药养、水养、体养、文养五个分会,这些分会的会员,有政府官员、退休干部、专家学者、企业家,大家都热衷于养生。为专门推进食养、药养、水养、体养、文养"五养工程"建设,丽水人事部门还专门组织开展"五养"大师评选。

86

丽水人讲起养生,每个人都是一套一套的,既然是"五养",那就是吃喝玩乐都算养生,该吃就吃,该喝就喝,甚至从来不进行锻炼的人也说自己是在氧吧里静养。他们说,长寿靠的就是静养。

87

丽水人特别会享受生活,一到周末,总喜欢爬个山、玩个水、赏个花、钓个鱼,一到春天,好多河流边上都是扎堆野炊的人。

丽水是休闲胜地,丽水人挺喜欢"休闲"这两个字的,丽水人很早就有星期的意识。据《历世真仙体道通鉴》记载,唐末丽水思想家杜光庭将五天作为一个学习周期,前四日学习不同内容,第五天游戏休息。五天为一个轮回。他的这种作息时间影响了好多人。

88

动也好静也好,反正丽水长寿的人还真是不少。丽水人的寿命期望值比全国的平均水平要高得多。2030 年中国人均预期寿命将达到79.0 岁,而 2016 年,丽水人均寿命已经达到了 79.37 岁。

丽水百岁老人蛮多,而且大部分百岁老人都行动自如。前几年市区的一对百岁老人夫妻还登台演出。丽水有位摄影家跋山涉水拍了100 位百岁老人,出版了一本画册,起名《百人万岁》,在摄影文化节期间进行了展出,轰动一时。

89

龙泉仙仁村有对百岁夫妻,他们为丽水长寿之乡代言,丈夫季盛康 106 岁,妻子柳先秀 104 岁,两人身体硬朗,生活都能自理。

云和凤凰山街道勤俭村有一对跨越百年岁月的姐妹花,2016 年,姐姐高彩芹 105 岁,妹妹高彩香 100 岁。

丽水是中国第一个长寿之乡,丽水的百岁老人数量年年递增,2014 年才 186 人,2017 年就增加了 160 多位。200 多万的城市人口中,每一万人中就有一个半多的百岁老人,这种比例名列全国前茅。

有句广告词叫"常到丽水走一走,定能活到九十九"。其实住在丽水,一不小心活到一百多岁也不是不可能的。

90

丽水生态环境好,百岁老人多,百岁老树更是不计其数。丽水以前提出了一个宣传口号叫"山水古文明,丽水好风光"。这山水之古,体现在千岁老树上,丽水好多地方都有上千年的古树。据统计,丽水的古树名木达到 4 万多株。

91

丽水是个特别原始的地方,丽水有莽莽榛榛的原始森林,逍遥自在的野生动物。到目前为止,丽水已发现的种子植物、苔藓植物、蕨类植物和大型真菌有 4262 种,已知的野生动物有 2618 种。华南虎、云豹、豹、梅花鹿、黑麂、金雕、白鹳、黄腹角雉、白颈长尾雉、鼋、金斑喙凤蝶……这些珍稀的动物,数都数不过来。

92

丽水满山都是绿,丽水人去大城市旅游时,对一样东西一定会嗤之以鼻,那就是大街小巷里的绿化树。无论城市绿化做得多好,丽水人也觉得没啥意思,大城市公园里那点花那点草有啥了不起的,我们大丽水,抬头见树,低头见草,还有数不尽的花,而且全是野生的,更不用说百山祖上高贵的冷杉,望东洋中罕见的柏东树,左溪新发现的政和杏了。

什么红豆杉、白豆杉、南方红豆杉,还有长柄双花木、鹅掌楸、华东黄杉,这些有好多大城市里的人不用说见过,就是听也可能没听到过吧。九龙山榧、百山祖玉竹、景宁木兰,这些都是丽水特有的物种。

93

山不在高,有树则名。水不在深,有仙则灵。丽水的山很峻,丽水的水很美,自然也是备受神仙眷顾的地方。丽水是一个有仙气的地方,灵山碧水,险峰高瀑,奇石峻岩,怪树珍果,少不了神仙的传说。而且好多地方直接用仙来命名,比如仙都、仙渡、仙宫湖、仙里。生活在仙山仙水里的人们,个个都成神仙了,活得逍遥,活得自在。

94

丽水是出美女的地方,丽水的女子与丽水的山水一样,个顶个的清纯,有人说美丽的女子简称丽人,丽水的女人也简称丽人,可想而知,丽水的女人不漂亮都不行。

丽水市妇联专门打造"丽人"品牌,还开展丽人的系列评选,初一看,以为是选美,不过,选的并不是颜值,而是在敬业爱岗、创新创富方面有突出业绩、内外兼修的丽水女人,这才是真正的丽人。

95

台湾人都唱阿里山的姑娘美如水,丽水的姑娘也是美如水。有人说,龙泉、庆元、景宁的女子如山泉水,纯净而清澈;云和、莲都的女子如溪水,延绵温柔;缙云的女子如池水,温婉内敛;松阳、遂昌的女子如开水,热情而独立;青田姑娘则如河水,奔放而大气。

96

丽水的女子,有如江南采莲女般的秀美,又有撑着油纸伞的姑娘般的古典,更有着替父从军的木兰般的侠情。丽水女子有水乡女子的细嫩水灵,又有高原女子的热情奔放。丽水的女人不做作也不娇气,不愿做依人的小鸟,大多都是既能上厅堂,又能下厨房。娶到丽水女子当老婆,还是蛮幸福的。

97

丽水女人对感情比较认真,丽水女子也特别浪漫,她们可以为爱而生,为爱而死。丽水流传着无数梁祝般的故事。比如张玉娘与沈佺的故事,高机与吴三春的故事,这些都是感天动地的真人真事。

98

张玉娘是松阳人,出身于仕宦家庭,诗词写得非常好,著有《兰雪集》两卷,留存诗词一百余首,其中词有十六首,有人称这本词集是继李清照《漱玉集》后的第一词集。后人将她与李清照、朱淑真、吴淑姬并称为"宋代四大女词人",不过也有人认为她的词还不足以与其他三位并称。但她的爱情故事,却是让人震撼,可以说是历代女词人中最为悲壮的一个。

99

张玉娘十五岁时就与她青梅竹马的表哥沈佺订婚,沈家是诗书家庭,沈佺是在松阳定居的状元沈晦的七世孙。两人情投意合,只等良辰。只可惜后来沈家逐渐衰落,张家悔婚。张玉娘鼓励沈佺赶考,不仅给予他经济上的资助,还在精神上对他进行鼓励。沈佺启程赴考,张玉娘无比牵挂,这时,她写出了许多人生中最出彩的诗词,比如《山之高》:

山之高,月出小。月之小,何皎皎!我有所思在远道。一日不见兮,我心悄悄。采苦采苦,于山之南。忡忡忧心,其何以堪。汝心金石坚,我操冰雪洁。拟结百岁盟,忽成一朝别。朝云暮雨心去来,千里相思共明月。

她还写了许多金句,比如:不见镜中人,愁向镜中老。

学霸沈佺不负张玉娘的期望,终于金榜题名,高中榜眼,然而不幸的是得了伤寒,病入膏肓。张玉娘得知沈佺的病后,就写信给他,表达了丽水女子的刚烈,她说:"妾不偶于君,愿死以同穴也!"

病重的沈佺看了张玉娘的信后,感慨万千,当即写诗回复,这也是现在松阳唯一留下的一首他写的诗。在诗中他还抱着美好的念想:"高情春不染,心镜尘难依。何当饮云液,共跨双鸾归。"只可惜,沈佺最终病死在回乡的路上。

100

梁山伯与祝英台双双化蝶的故事,让世人千百年来赞叹他们坚贞的爱情。陆游与唐琬难舍难分却一辈子都活在错错错的纠结中,让人对封建礼教深恶痛绝。而张玉娘为沈佺坚守终身,用短暂的生命,向人们展示了丽水女子对爱的矢志不渝。

沈佺死后,张玉娘终日以泪洗面,誓死为沈佺守节,最后绝食而死。家人为其行为所感动,将她与沈佺合葬在城西郊的枫林之中。更让人感慨的是,张玉娘死后,与她朝夕相处的侍女霜娥因悲痛"忧死",

另一名侍女紫娥也不愿独活,"自颈而殒",玉娘生前驯养的鹦鹉也"悲鸣而降"。张家便把两个侍女和鹦鹉陪葬在沈佺、玉娘的墓左右,这便是"鹦鹉冢"。

如此女子,如此才情,如此忠贞,青史留名,她身上因为爱而发出的光芒为她的诗词增添了夺目的光彩。

101

高机与吴三春的故事,堪称中国版的"罗密欧与朱丽叶",也被称为浙南版的"梁祝",这是一个关于丽水女子与温州情郎的感人故事。

这一故事发生在明嘉靖年间。高机是龙泉宫头村富商吴文达雇佣的平阳织工,他手艺高超,英俊潇洒。吴三春是吴文达的女儿,水灵伶俐,善于刺绣。虽然地位悬殊,但两人日久生情,相互爱慕,便私定终身,三春义无反顾随高机私奔。两人在江心屿被吴家人擒获,高机被送官治罪,吴三春随后被送到缙云母舅家寄居。高机出狱后,乔装成卖绡人,寻访至缙云。吴三春暗中将他招引进门,命丫鬟将金银暗藏于麦饼中赠予高机,并暗藏哑谜于菜肴之中。高机误以为三春变心,愤然离去,路经桃花岭时,在麦饼中发现金银,回想菜肴中的哑谜,方知三春一片苦心,一时气塞心头,竟成疯癫。次日,三春坐迎亲花轿途经桃花岭,见高机疯疯癫癫,心痛如绞,以剪刀自裁于花轿之中。高机见三春为己而死,也投江殉情。

102

有人觉得吴三春的结局太残酷,于是改了剧情:话说高机寻访至缙云后,吴三春趁舅母外出烧香之际引高机入内相见。当夜两人出逃,至桃花岭头,发现有人尾追,三春脱下绣鞋放在悬崖上,追来之人以为其已跳崖自尽,便不再追赶。两人得以远走他乡,夫妻靠织绣度日。这也为这个在温州与丽水广为流传的故事续写了一个喜剧的结尾,安排了一个世人都心满意足的结局。

103

丽水的女子似水一般透明,也如水一般蓄有强大的能量,在关键时候总能挺身而出,显出其刚烈的一面。

这几年,丽水有几个非常轰动的新闻:一位缙云女子带着在车祸中受了重伤,生活不能自理,精神失常的"傻丈夫""嫁"人,在龙泉上演了现代版《春桃》。庆元黄田一女子照顾成了植物人的丈夫,连婆婆与丈夫的哥哥弟弟们都劝她改嫁,但她一直不离不弃,每天精心照顾丈夫,希望奇迹出现。遂昌有一位正值盛年的县直部门的女领导,她的丈夫突然脑干出血、颅内感染,口不能言,身不能动。当时不少人都劝她放弃送医,哪怕好起来,也可能一辈子都是植物人,可她却相护、相守,不言放弃,整整一年多的时间,她辗转奔波,四处求医,用行动践行着"陪伴就是最长情的告白"……类似的事情太多太多了。

104

宋代曾担任给事中的王信的妻子姓郭，也是一位烈女。王信在温州当教授时，当地发生瘟疫，其前往赈灾，大家都说这瘟疫容易传染，劝其不要去了，唯独他的妻子劝他前往。他出使金时，妻子也是极力勉励。

元至正年间，青田人夏淑荣二十一岁，丈夫被乱贼所杀。贼党有四人欲污之，她拿刀割下发髻说："吾头可断，吾身不可辱！复来，吾当以头与之。"于是这些蟊贼也不敢冒犯她了。刘基专门为她写过传，郡守谢子襄也赠诗赞扬。

清代的《处州府志·人物志》中，烈女的人数是最多的，整套书一共三十卷，涉及政治、经济、文化、社会、人物，其中专门用了两卷来记录历代烈女。

105

有人说丽水男子有机生态，就如江南的绿一般清秀，帅哥特别多。真的，丽水男子自古以来就以英俊潇洒而闻名，比如国史中很少评论一个人的长相，但《宋史·何澹传》中说"澹美姿容"，专门称赞龙泉人何澹长得帅。

106

丽水男子是典型的外圆内方型，丽水男人比较好说话，看起来性情温和，但这种温柔的外表下，却隐藏着血性阳刚。

丽水男子自古以来就有好斗的一面，极具冒险精神。黄巢起义时，遂昌人卢约揭竿而起，拿下了处州和温州，并控制了处州府二十多年。

中国历史上最著名的矿工起义，是由庆元人叶宗留领导的。方腊起义军中有一位军师也是缙云人。辛亥革命中，光复南京攻占天堡城时，担任敢死队队长的叶仰高也是丽水景宁人，牺牲时才三十一岁。中华民国成立后，孙中山下令在天堡城建"辛亥革命联军阵亡军士纪念碑"和"浙军纪功塔"，叶仰高均名列首位，孙中山曾下令吊祭。

107

提起抗倭，戚继光领导的"戚家军"无人不晓，而"戚家军"中的"处州兵"却鲜有人知。浙江哪里人的作战能力最强？戚继光说当然是丽水人。

戚继光认为，能运用的浙江乡兵中，处州兵是排在第一位的，再后面分别为绍兴、义乌、台州。浙江其他地方的士兵，就是韩信、白起再生，也没法运用。

戚继光认为，处州兵性情剽悍，而且很守信义，冲锋陷阵，比别处的兵勇敢。戚继光认为处州兵是最好的兵，"毕竟处州为第一，义乌次之,台温又次之,绍兴又次之,他不在此科也"。

戚继光对付倭寇发明的专利"鸳鸯阵"中,狼笎是"先锋",这种狼
笎最早在明代处州矿工起义中使用。明代军事学家、抗倭名将唐顺之
的《武编前集》中记载:"处州人使狼笎,右脚右手在前,阴阳手使挡扒
亦多如此,犹左右开弓也。"

戚继光发明的对付倭寇的利器——狼笎

108

为什么戚继光如此看重处州兵,认为处州兵勇猛无比呢?这也与
叶宗留领导的矿工起义有关。因为处州多矿,这些矿工素来喜欢习
武,比较好斗。

058

丽水有意思

　　叶宗留是庆元人,生于 1404 年,死于 1448 年。他自幼习武,先在处州府衙里做一些打杂的差事,1442 年,他与王能、郑祥四、苍大头、陈恭善等聚众千余人,进入浙闽赣交界的仙霞岭山区开采银矿。由于朝廷禁采,无法维持生计,1445 年,他率众起义。义军进攻永丰(今江西广丰),大败明政府派往镇压的官军,但永丰知县邓容以招抚手段使王能等三十五人投降,又诱杀郑祥四、苍大头等三百多人。

　　叶宗留率众逃回处州,两年后重举义旗,自称"大王",攻打政和县城后,还师庆元,发展队伍,训练部卒,随后转战福建浦城、建阳、建宁(今福建建瓯)。不久,他分兵于江西铅山(今上饶西南)车盘岭,控制了闽、浙、赣交界地带,声势大振,并与福建爆发的邓茂七起义相互呼应。

　　1448 年秋,他率部于闽、赣边界迎击官军时,在江西铅山黄柏铺不幸中流矢身亡。

　　叶宗留起义被镇压之后,据说他老家的整个村子都被抄了家,村人被赶尽杀绝。此地后来被当地人叫为抄家地,一直没人居住。几十年前,一批移民来到这里,人们嫌过去这一地名不好听,于是将其改为草古地。

109

　　都说子承父业,叶宗留死后,起义军拥戴他的儿子叶希八为领袖,继续与明军展开斗争,在玉山(今属江西)十二都大败明军,杀都督陈荣,与福建邓茂七起义军互为声援,控制了浦城、龙泉等地,屯兵在云和和丽水的山中。

丽水人陶得二、陈鉴胡也率众加入,影响越来越大,兵锋直捣处州。守将频频向朝廷告急,明廷派了两千人驰援,也被起义军声势所吓,守城不敢出来。叶希八一面攻打处州,一面分兵金华和江西广信,杀永丰知县邓颙。

陈鉴胡破浙江松阳、龙泉后,活动于武义、义乌、东阳一带,自称"太平国王",改元泰定。陈鉴胡不久后被招降,明军又镇压了邓茂七起义,叶宗留起义军余部变得孤立无援。景泰元年(1450),叶希八、陶得二先后投降,起义失败。

110

有人说,绍兴的师爷处州的兵,处州是当兵的专业户。

叶宗留起义虽然失败了,但处州民众善战的声名传遍了闽浙。明代的处州兵名气非常大,可以说是天下闻名。大家都喜欢招募处州兵。最先是浙江,然后是直隶,再次是福建,大家都招处州兵。

当年戚继光抗倭时,招募了好多丽水人,据说现在丽水端午吃卷饼的风俗,就是为了纪念戚继光和处州兵的。

111

定海三总兵是中国抗击英国侵略者的代表人物,是鸦片战争中的英雄。三总兵中的郑国鸿就是处州总兵,他率领的前往增援的是处州士兵,他与处州士兵誓死抵抗,英勇杀敌,最后和许多处州士兵一起为国殉难。只可惜,这些处州士兵在浩繁的历史书卷中,变得默默无闻。我们要像纪念定海三总兵的名字一样记住他们,这些英雄的名字叫作处州兵!

112

丽水人英勇果敢,明代时还出了一位著名的抗倭英雄卢镗。现在,丽水有条街道叫卢镗街,就是为了纪念他的。

卢镗是丽水市区人,他在江浙闽沿海奋勇抗倭三十多年,身经数百战,俘斩倭寇万余人。《明史·俞大猷传》中称:"镗有将略。倭难初兴,诸将悉望风溃败,独镗与汤克宽敢战,名亚俞、戚。"

抗战时期,丽水命名了三条路,分别用大猷街、继光街、卢镗街来纪念三位抗倭英雄,以鼓励士气,激励丽水人民抗战。

丽水民间还流传着"千秧丘,双眼塘,白云山脚有卢镗"的说法,前几年,卢镗墓在白云山脚下被专家发现。

113

无论是叶宗留起义、戚家军的处州兵、定海三总兵率领的处州士兵,还是卢镗等人,都说明了处州男人的骨子里装的并不是水,而是浩然正气、无畏精神和家国情怀。

在丽水,北乡的民众素以剽悍著称,尤其是雅溪一带的人,被称为雅溪蛮。当年日本侵略者到丽水来,北乡的群众奋勇抗敌,凭着棍子锄头,也敢与鬼子干。好些村子的民众都用大刀向侵略者头上砍去,让他们有来无回。

日军侵袭青田,青田六上乡村民自发组织用"大刀斧头"血战"洋枪洋炮",当场击毙敌军 15 人,生擒日伪军 10 多人。为了嘉奖六上乡民众的英勇,当时的浙江省政府下令将六上乡改名为"尚义乡"。第二年 8 月,国民政府军事委员会将尚义乡更名为"忠义乡",以嘉勉六上乡人民抗日有功。

丽水实验学校的前身是处州中学附属小学,抗战时期有位老师叫应明,是缙云人。看到日本侵略者的暴行,这位文弱书生忍无可忍,回缙云老家组织村民与侵略者拼命。100 多位村民手拿棍棒、刀、锄头、铲等农具,利用村外优良地形,截敌阵之尾,歼敌 14 人。

这就是丽水人,奉行的是"人不欺我,我不欺人,人若欺我,我必还手"的原则,丽水人骨子里不会逆来顺受。

114

抗战时期,是丽水在历史上发挥作用最大的时候。用两个字来概括,就是中心。云和、松阳一度成为省会城市。抗战爆发后,浙江省国民政府考虑万一杭州沦陷,就把山多地广林密的丽水作为临时省会。

淞沪会战之后,1937 年 12 月,杭州沦陷,于是省政府一路南迁至永康,省建设厅、教育厅迁至丽水县。1941 年 5 月,浙江省政府自永康县方岩乡迁至松阳县。8 月 6 日,省政府仍迁回永康原址,到了第二年 5 月,再迁松阳。这时衢州、龙游都落入日军手里,所以还没开始办公,又改迁至云和县,并正式决定以云和县为临时省会。1942 年 6

月 24 日,丽水县第一次沦陷,有些机构搬到景宁、龙泉、庆元一带分散办公。同年 8 月 28 日,丽水收复,省政府仍迁回云和。直到抗战胜利后,省政府于 1945 年 10 月迁返杭州。

当时,中共浙江省委也在丽水。丽水地区成为浙江省抗战的大后方,是全省政治、经济、文化中心和抗日救亡运动中心,也是国共两党联手抗日的重要地方。

还好有丽水,否则浙江省全都成了日本侵略者的囊中之物了。丽水就是当时浙江省国民政府的救命稻草,恰恰是这一根稻草,救了命,防止了浙江全部沦陷。

115

抗战时期,迁入丽水各地的单位有四百多个,丽水人口骤增 20 多万。浙江日报社原设在丽水县碧湖镇赵村,后来又迁至龙泉县宫头村。

那时,浙江大学分校也迁至龙泉,湘湖师范在丽办学 8 年之久,浙江省立英士大学也是在丽水地区创办的。

抗战期间,在丽水举行的各类文化活动,也带来观念上的碰撞。比如 1944 年 6 月 25 日,云和县城举行"季宽游泳池"落成典礼暨省会游泳比赛大会,英国军事代表团进行游泳表演。这种三点一式的泳衣,让云和民众很吃惊,有些老人回忆起小时候看到的场景时说,那时大家都觉得,这些洋女人怎么这么开放,居然当众将衣服几乎都脱光了。

116

抗战期间,十五岁的金庸从嘉兴来到丽水,在设在碧湖的联合高中初中部读书。

丽水不如温州遍地黄金,但是丽水也是许多经济大亨起家的地方,比如金庸。他的经营才能,在读中学时就展现出来了,当年他主编印了《献给投考初中者》一书,搜集了当时许多初中学校的招考试题,加以分析解答,同时用一种易于翻阅的方式来编辑,出版后获得了很大成功,不仅畅销浙江,还远销到江西、福建,甚至重庆等省市,使金庸赚了不少稿酬,不仅解决了生活费,还使他有能力将妹妹接到后方求学,并接济一些有困难的同学。金庸自己也认为,这本书和文学修养无关,而是商业上的成功。

117

金庸在丽水一共生活了近三年时间。在碧湖读书时,他还专门研究过杜光庭,曾写过论文《〈虬髯客传〉的考证和欣赏》,考证出杜光庭是该书的作者。1970 年,他在《明报晚报》创刊最初两个月所作的《三十三剑客图》中说,《虬髯客传》一文,虎虎有生气,可以说是我国武侠小说的鼻祖。

如果没有丽水的这段经历,没有战乱中的奔跑,没有对杜光庭的研究,没有经济头脑的培育,金庸可能就是平庸的查良镛。

因为金庸曾在丽水求学,前几年龙泉专门请八十多岁的他前往江浙之巅论剑,让在武侠世界里对十八般兵器运用熟稔于心的他近距离接触了宝剑生产基地,与华山论剑不同的是金庸论剑是以文取胜,为龙泉宝剑做了一番软广告。

118

抗战期间,在丽水教过书、读过书的人特别多,前几年获得国家科技奖特别奖的谷超豪就在青田读过书。第十届全国政协副主席徐匡迪是父母抗战期间撤退到丽水松阳时生下的,所以他的小名就叫松松。

119

丽水作为浙江林海,境内的木头也曾为抗战立下汗马功劳。比如临时省会"三大建筑"之一的"复兴馆",需木料 12000 根,云和全县每丁摊派约 1 根。

丽水建造飞机场和战时公路桥梁等,其所需木料概由附近乡村征派。甚至衢州建造飞机场的 360 万根大木料和 90 万根毛竹,部分也是从遂昌、松阳、缙云等地征用的。

120

在丽水的丽阳门公园,处州晚报社和丽水市档案馆立了一块"丽水市十大抗战遗址"碑,这块碑上书写了 1944 年丽水城保卫战的情况,以此唤醒人们对这段荡气回肠的历史的记忆,重温那战火纷飞的年代里气壮山河的英雄故事。

丽水城作为浙江省国民政府的天然屏障,抵挡住了日本侵略者的多次攻击,也打破了日军的浙赣作战计划。1944 年 8 月 25 日,日军梨岗支队和七十师团 3000 多人,伪军 3000 多人,分三路进犯丽水。守卫丽水城的国民党军队彭孝儒将军率领一个团千余人与日军展开了殊死搏斗。经过一夜浴血奋战,包括彭孝儒将军在内的全团官兵都为国捐躯,在丽水抒写了惊天动地的抗战篇章。

在此两年前,驻丽水、云和的浙保三团和新编第二十一师、暂编第三十二师,在云和方山岭痛击企图入侵云和的日军,战斗持续两昼夜,日军败退。这场战斗打破了日军浙赣作战计划,保卫了浙江临时省会。

121

丽水人喜欢看抗日剧,但是看这些电视剧的时候,很少有人将它与丽水的抗战故事联系在一起,因为当年见证过抗战的人们,现在都八九十岁了。而当我们了解了这两场如此大规模的战斗之后,我们不禁要问,丽水怎么能算抗战的大后方呢?

1942 年之后,丽水可以说是浙江抗战的正面主战场。

122

讲起抗战,丽水有荡气回肠的故事,更有水深火热的苦难,也有心

丽
水
有
意
思

如刀绞的伤痛。日军对丽水的轰炸次数多达360多次,全国可以排第一,超过了重庆。丽水到现在还有着不少烂脚病人,他们都是日军细菌战的受害者。七十多年来,细菌病毒无时无刻不在折磨他们。

123

日本侵略者为什么会视丽水为眼中钉,对这样一个浙江偏远的地方,长时间实施轰炸呢? 主要是因为丽水有机场。

丽水的飞机场建于1937年,起降的飞机屈指可数,且由于跑道短,屡屡发生事故。有一架苏联飞机在丽水机场降落后竟陷入泥潭,当时120多个人去拉也拉不上来,结果只得把飞机拆开。有一次,盟军的十多架飞机降落后竟有四架陷入泥潭,最后也只好拆零装运回去。

虽然机场起降飞机不多,不过却在向日本空投宣传反战"纸弹"中立下了汗马功劳。1938年5月19日15时30分,1103号、1104号两架重型轰炸机从汉口起飞,在丽水机场降落,加足油料后,于5月20日深夜起飞,飞行了近两个小时后,分别在日本九州、长崎、福冈等城市的上空投下100多万份反战传单。这堪称世界战争史上难得的"纸片轰炸",让日军咬牙切齿。

从丽水机场加足油料起飞的飞机在日本投下了 100 多万份反战传单

124

　　日本偷袭珍珠港令美国人的太平洋舰队主力受损严重,美国民心士气跌到最低点。珍珠港事件之后,美国人非常愤怒,决定要不惜一切代价报复日本,派出了空军中校杜立特,率领飞行员驾驶 16 架 B-25 轰炸机空袭日本本土。他们带着壮士断腕的决心,轰炸日本东京等地。由于飞机无法飞回美国本土,他们只好在浙江沿海一带寻找机场降落。由于迷航,3 号机坠落在遂昌大坞山上,5 名机组人员中 1 人遇难,4 人跳伞,跳伞的 4 人中有 2 人降落在遂昌县境内,当地村民救起了飞行员,帮助他们平安回国。

此次轰炸行动极大地鼓舞了美国军民的士气。

因为这两件事情,日军人对丽水的机场心怀怨恨,欲除之而后快,企图将丽水机场一带变为无人区,于是频频轰炸,并实施惨绝人寰的细菌战,使得无数丽水人家破人亡。

抗战胜利后,丽水的机场再也没有启用,后来成为水田。现今只有飞机场的地名,作为丽水的一个小标识,存在于人们的生活中。

125

抗战时期,丽水有两个厂非常有影响力,一个是铁工厂,一个是火柴厂。

浙江铁工厂是南方最大的兵工厂,下设大港头、玉溪、石塘、小顺4个分厂,有4000多名职工、1000余部机器,每月可产步枪1000多支,轻机枪50多挺,手榴弹、枪榴弹五六万枚。它是抗战时期重要的武器装备生产基地,产品远销广西、贵州、福建、广东、安徽、甘肃等地。瓯江上游,无形中变成了一个军事工业区。

126

办在市区北郭桥的燧昌火柴股份有限公司,是当时浙江省规模最大的火柴厂之一,工厂占地50公顷,有工人500多人,日产火柴400篓,产品远销天津、青岛、广东。

这个厂的老板叫郑宝琳,有很强的人脉关系。抗战期间,他在工厂的宿舍里,接待过孙科、陈诚、黄绍竑、刘建绪、罗竹英、沈钧儒、吕公望、严北溟、潘天寿、黄宾虹等一大批社会名流。

有资料显示,那时的丽水县城,酒菜、饭馆、旅馆一下子增加了100多家。从府前街到大水门,各商店装置皆仿"温州式",几乎与温州的五马街差不多。

127

抗战时期,中共领导人周恩来专门为丽水的一个小学深情题词,并来丽水进行抗战宣讲。

在云和小顺路边的岩石上,如今可以看到"顶天立地"四个大字,这是浙江省国民政府主席黄绍竑的笔迹,这四个字是周恩来专门到浙江铁工厂进行的宣传抗日演讲中最振奋人心的四个字。

丽水的兵工厂,不仅受到国民党重视,也备受中共领导人的关注。1939年4月2日,周恩来从金华来丽水,专程视察了大港头、云和小顺的浙江铁工厂。第二天,周恩来在浙江铁工厂进行了两个小时的精彩演讲,"顶天立地"这四个字激昂人心,鼓励铁工厂职工用自己的行动支持前线,支持抗战。

在此三个月前,周恩来还专门为青田一所小学寄语。在青田县东源小学屹立着一块纪念碑,上面写着"中华民族新希望"七个大字,它是周恩来1939年1月的亲笔题词。

从他年少时立志"为中华崛起而读书"到"中华民族新希望"的题词,可见他对丽水青少年寄予了殷切的期望。

128

丽水历史上兵事少,但是大的兵事,似乎都发生在云和和丽水之间。除抗战期间发生的丽水城保卫战和方山岭战斗外,在清初,云和一带还曾发生过一次大战役。

由于清康熙年间撤藩,吴三桂在云南起兵反清,福建的耿精忠策应,处州很快就落入耿精忠的手中。耿精忠一路烧杀抢掠,朝廷当即派兵前往平乱,双方在云和对阵。官兵连破九寨,耿精忠部队的7000多人全被斩杀,49名部将被擒,一时间血流成河。这一战也为康熙平定三藩之乱奠定了基础,而这种为争权的打打杀杀,终究是可怜了那些活生生的生命。

129

有人说,丽水一直都有处州十县的说法,数来数去,却只有九个。

过去讲的处州十县,其实是在明代景泰三年(1452)时开始的。在那之前,处州府原有七个县,分别为丽水、松阳、遂昌、缙云、青田、龙泉、庆元。

明景泰三年处州府之所以分出三个县,是因为两个男人,一个是叶宗留,一个是孙元贞。

叶宗留领导的矿工起义,影响非常大,官军镇压叶宗留领导的矿工起义和各县农民起义之后,兵部尚书孙元贞巡抚浙江,他以“山谷险远,矿徒啸聚”“地广不便于治”为由,要求朝廷将丽水这片土地的管理更加细化,所以这一年,朝廷一口气在处州新设了三个县,令处州刚好凑成十个县,这也是叶宗留起义对丽水行政区划建设的一大贡献吧。

130

细细体会这些县名,还是挺有意思的。景宁意为"景泰缉宁,景美民宁",云和与宣平,无论是词性还是词义都完全相同,寓意朝廷宣示和平之意。

经过这次起义,朝廷在温州设立泰顺县,意为"国泰民安,人心归顺"。在福建新设永安县,寓永久安定之意。三年后,又设了寿宁县,取安宁之意。以和为贵,以宁为重,长治久安,体现了当时朝廷的一片苦心。

宣平县于 1958 年被撤销,其所辖的柳城、上坦两区及直属镇共 16 个乡镇并入武义县,曳岭区的 5 个乡镇划给丽水县。至此,处州十县变九县。

倒是现在,丽水又恢复了"十县"的说法,因为除了一区一市七县之外,丽水经济开发区也被称为"南城",相当于一个区。

131

丽水人的语言能力非常强,一般人都会用数种语言,之所以练就了这样的本领,是因为丽水人的"话"特别的多。

丽水是一座方言博物馆,九个县(市、区)的方言都不同,而且差别非常大。据有关统计,丽水各地共有数十种方言,这在全国是极其少见的。十里不同天、一村两三种方言并不算奇怪。

所以说丽水人懂得几种语言，能讲几种话，也是正常的，要不然，根本没法跟人沟通。

丽水"话"五花八门，几乎很少有人能将丽水各地的方言都学会的。毛脚女婿第一次去见农村的丈母娘，碰到不会讲普通话的丈母娘，那得有翻译才行。

越是民族的，就越是世界的，看来得好好珍惜，千万不要让这些"小语种"的方言消失了。

132

丽水人的称呼比较怪。丽水人叫母亲，有的叫"妹"，有的叫娘，庆元江根方向叫"奶"（音），左溪竹坪一带叫"嫲"（音），缙云人叫奶奶为"妹妹"。

这样的叫法，是不是有点乱呢？丽水人可从未觉得这有啥奇怪的。把妈叫成妹，把奶奶叫成妹妹，所以丽水女人显得特别年轻是情理之中的事情。

丽水人叫父亲，有的叫爸，有的叫"达"（音），有的叫"老爷"，有的叫"老倌"，反正有个特点，父亲是越叫越老，母亲倒是越叫越年轻。

133

北方人称老婆为媳妇，丽水人从不会叫老婆为媳妇，丽水人说媳妇指的是儿媳妇。老丽水人叫老婆为"老母"（音），或者有些人觉得应写作"老马"或"老姆"。龙泉人称老婆为"老太",庆元人称已婚的女人为"宅眷"。

有个朋友说起一件事,我觉得非常好笑。他的朋友姓马,老马的老婆也姓马,有一次他就问他朋友:"老马,你老马也姓马?"这犹如绕口令的丽水话,挺好玩的。

丽水好多地方的女人称丈夫为"山上人",不过现在大部分人都进城了,所以都入城随俗改称老公了。过去丈夫称妻子大多为"屋里人",现在丽水男人的嘴巴也城市化了,都甜蜜地管老婆叫"亲爱的"。

134

丽水人聊天叫念白勺,丽水电视台有个栏目叫《老白谈天》,深受丽水人欢迎,丽水的老大妈们觉得,把新闻当作念白勺,就好比社区里邻居在聊天,听得走心。

几个主持人的名字都叫老白,大家都不知道他们的真名,社区大妈有时为了区分他们,只能说那个年纪大的老白,那个年纪轻点的老白,不管年纪轻或者年纪大,反正都是老白。年纪轻的老白虽小,叫老白是理所当然的,如果叫小白,那就变味了。

老白"念白勺"

135

　　丽水好多地名,因为方言,让人云里雾里的。比如市区有个叫上岗背的地方,现在这一地名流行着三种写法,几乎可以赶上茴香豆的"茴"字写法之多了。有人认为这里应该叫上江背,因为有个驻当地的交警中队叫上江背中队。而刚出版不久的地名册上用的是"长岗背",有人认为,老丽水方言所说的"讲"(音)应该是指上下的"上",而并非"长",用"长"字显然是不妥的。

　　丽水市区还有个地名叫北郭桥,也有人叫碧角桥,这两个字用丽水方言讲是一样的,但意思完全不一样,北郭是指当年丽阳门城墙一带,交代了这个地点的方位,而碧角桥完全是用丽水话再音译出来的名字。

136

丽水的方言非常有意思的是,赞美一个女子长得漂亮,会说"死人生好",外地人会很惊讶,又是"死人"又是"生好"的,怎能想到这是赞美人的话呢? 丽水人说话特别夸张,好的极致就非得用死人来形容。"很好"就说"死人好","很高兴"就说"死人高兴","很好笑"便说成"死人要笑","很臭"就说"死人臭","很香"就是"死人香"。

前两天路过丽阳门公园,听到两个老大妈在聊天,一个老大妈说:"我有一个朋友,她家里人死人多,过年坐了三桌还不够坐,一家人都死人会喝酒,过个年葡萄酒喝了好几箱。"

以前,有几个丽水的轿夫抬新娘过桃花岭,轿夫休息时说这新娘"死人重",被送新娘的亲友听到了,于是大闹了一番,结果差点连婚也结不成。

137

说起丽水方言,有两个地方的最难懂,一个是缙云话,一个是青田话。据说以前打仗时,曾将缙云方言当作电报密码。缙云方言中,有许多文字有文言文色彩,比如普通的"吃"字,缙云方言中叫"食",而"啰唆"却几乎与普通话一致。

丽水方言中的"江",就是原原本本的古汉语。庆元话蛮像唐音,一些唐诗用庆元话读起来特别押韵。庆元人说话也比较口语化,比如哮喘叫"气急",明冯梦龙的"三言二拍"中也有这种叫法。

138

松阳人见面常会说你好,但松阳话的"你好",在丽水人听来却变成了骂人的话。丽水话说"你憨",其实是骂你这人是傻的,你这人是二百五。

有个松阳的村妇到丽水来看病,不太会讲普通话的她见到医生就热情地打招呼"你憨",医生脸都气绿了,回了句说:"什么毛病啊?"

村妇用半土不洋的话描述了一番,医生这才明白方才自己失态了。

139

有一次,有位外地人到庆元的小店吃小炒,老板用半土不洋的普通话问:"橄榄包要不要烧个上来?"外地人一听不明就里,于是带着好奇问老板:"怎么烧呢?"老板说:"红烧啊。"他又问:"什么叫橄榄包?"老板比画了半天,最后还是带他到厨房看,他一看,那不是卷心菜吗?

丽水人把太阳叫作日头,以前读大学时,有天早上,一位丽水籍的同学大叫:"今天日头好大啊!"缙云叫日头为热头,缙云西乡腔变为月头。

140

湖建银、湖南银都是重口音的,丽水银也是如此,各个县市区的语言特征非常明显,丽水人舌头不灵,一开口,是哪里人暴露无遗。

庆元人 ai 与 ei 傻傻分不清,前鼻音后鼻音也很难区分,学雷锋活动读成"学来风"活动,百分之九十的庆元人最头疼读"白菜"两个字。

141

松阳人 r 与 l 分不清,松阳人说热死与乐死是一样的。

还有,大多丽水人把 ch 与 q 读得基本差不多,有人说如果能读准"宣传"两个字的,基本可以进入宣传部工作。丽水人前鼻音与后鼻音根本分不清,所以当 ch 与 q 与前鼻音后鼻音的字遇到一起,就麻烦了。大多丽水人说"船"与"床"是一样的,有人说如果丽水人去考普通话,只要能将"宣传"这两个字和"船"与"床"都读对,二甲绝对没问题。

142

丽水人每当唱《涛声依旧》中"这一张旧船票,能否登上你的客船",十有八九要唱成"这张旧床票,能否登上你的客床"。

以前,丽水市区的瓯江边有许多夜宵船,每到夜里总是顾客盈门。一次有位外地的女记者来丽水采访,有人热情地请她吃饭,酒足饭饱时主人做了总结,他说,上半场我们先搞到这里,下半场我们到船上继续搞。这船字音一偏就变成床字了，于是这女记者当场就翻脸了。还好旁人解释，她才恍然大悟，原来自己错怪热情但舌头却不灵活的他了。

143

一说起浙江的酒，人们自然想到是绍兴黄酒，但丽水也是一座酒城，一到秋末冬初，家家户户都酿酒，酒香醉了四方客人，也醉了这座江南边城。

丽水是一座醉人的城市，如果不会喝点酒，还是不要来丽水了，免得来了被熏醉了，因为丽水处处都有酒香，家家都有米酒。

丽水人把米酒叫作红酒，没人把它叫作黄酒，再说这酒本来就不黄呀，不像绍兴黄酒要加焦糖。

现在丽水比较有名的本土酒有景宁的山哈酒，庆元的金刚刺酒、青梅酒，遂昌的汤公酒、汤公玉茗，莲都的绿谷琼液，云和的云茅，松阳的黑米酒，等等。丽水人会做"酒汗"，也就是酒中酒，第二遍用酒当水来酿。

有这样一个传说，很久以前有位大人物到丽水一酒店吃饭，席间敬酒的人换了一批又一批，开了好多的酒，后来开酒的服务员居然被熏醉了。

144

丽水酿酒的历史非常早，从丽水各地出土的文物来看，至少在四千多年前丽水人就会酿酒了。宋代时,丽水有种非常有名的酒叫金盘露。

金盘露最早是在曳岭一带酿造的,酿造时加入了姜汁,别有风味,明代时被列为七大名酒之一。明人顾清在《傍秋亭杂记》中记载:"天下之酒,自内发外。若山东之秋露白、淮安之绿豆、括苍之金盘露、婺州之金华、建昌之麻姑、太平之采石、苏州之小瓶,皆有名。"

王世贞《酒品前后二十绝》中称:"金盘露,出处州,佳在南品之上,亦以不甘为难耳。"诗云:"空传仙掌擘青霄,可似真珠泻小槽?白露白云都不要,温柔乡里探春醪。"

145

丽水还有一种酒,叫桔滩清,可惜,与金盘露一样,只在史书中留下一个名字,可惜现在都已失传了,想喝也没地方找。倒是现在丽水人有种自己发明的家酿米酒的喝法,加点姜丝和红糖,或者做成蛋花酒,味道非同一般。

146

丽水人不仅将酒当调料,也将酒作为养生的必备之物,丽水人一直认为酒是补身的。

丽水人不仅会酿酒,而且特别会调酒。丽水人擅长做各类的果酒与药酒。葡萄酒、杨梅酒、猕猴桃酒、红豆杉酒、草莓酒、红桃K酒、马蜂酒、蕲蛇酒……丽水人好像什么都可以用来浸酒,随便走到一个人的家里,都能喝到味美香醇的特色酒。

有位同事说，她家夏天很少烧开水，渴了就倒杯家酿的酒喝。想来如果有客人来了，她家必定是酒水相待。这酒嘛，无非就是水嘛。

147

丽水人喝酒特别豪爽。宁愿把自己喝倒，也要让别人喝好，所以丽水人比较热衷于饭局，总喜欢喝两杯。而且喝起酒来，丽水人丝毫不比北方人逊色。

以前丽水各个县城满大街都是大排档，大家都喜欢坐在大排档里吃夜宵。华灯初上，这些排档纷纷开张，大人物小人物，年纪大的年纪轻的，穿衣服的光膀子的，形形色色的人都有。谈论声、划拳声，声声入耳，高度酒、低度酒，酒酒不息，一派和谐一片喜气。后来，各地都开始创建卫生城市，这些大排档渐渐消失了，成了人们的回忆。

148

丽水人骨子里的豪爽，从喝酒就能看得分明。有人说喝酒特别能看出一个地方的人文性格，丽水人不管是白酒黄酒还是葡萄酒，只要是酒，一般是感情深一口闷，初次见面的朋友，感情浅也是会喝到"肚脐眼"，至少喝下个大半杯。

我十多年前到一个县里出差，刚好碰到一朋友他们一群人聚会，他就邀请我一起吃饭，见面后，他一一介绍他的朋友：这位是张"县"长，这位是王"乡长"……

我一头雾水,这个县的县长我认识呀,我就补问了一句:"是哪里的县长?"害得整桌人都在笑。我朋友说,等会你就明白了。后来我才明白,能喝一箱的,就叫"箱长",能喝一庹的,就叫"线长"。

149

丽水的夜宵生意特别好,我有位老师是长春的,她第一次来丽水,发现丽水城市虽然小,但夜生活很丰富。北方城市太阳下山后,街上的人就很少,不像丽水,到了凌晨,街上还有人在吃夜宵。

大部分人一天吃三餐,丽水人吃个四餐五餐都是正常的,因为丽水各地的人都比较喜欢吃夜宵,有些人还要赶两三场夜宵。

丽水好多地方的人都喜欢划拳,一上桌,喝到开心之处,便开始"哥俩好"了。

150

丽水女人的酒量都特别好,丽水女子喝酒,不扭捏,能喝半斤一般不会只喝四两,丽水女人就如缓缓而过的瓯江,没有奔腾万里排山倒海的气势,却在不知不觉的温柔中把无数人喝趴下。

丽水的小朋友从哺乳期就开始喝酒了。因为在丽水很多地方,如庆元、龙泉、景宁、遂昌等,母亲坐月子时,都是用酒当水来烧菜的,所以母亲一吃,小孩子间接也喝了酒了。

有人说,为什么丽水人考上北大、清华的比较少,就是因为从小吃奶的力气都用来喝酒了,所以脑部发育不好,高分的学生就少了。

151

在丽水喝酒喝得最有情调的,首推秦观。

被苏轼戏称为"山抹微云秦学士"的这位老兄,在哲宗绍圣元年(1094)时被贬为处州监酒税,在处州待了三年。监酒税通俗地讲就是酒税局长,秦观局长酒量好,酒也真是喝了不少,几乎天天都喝得昏天黑地,直到"醉卧古藤阴下,了不知南北"。

秦观在丽水期间,填了不少的词。《好事近·梦中作》是他的代表作之一,也是宋词中的精品,在当时非常有名,黄庭坚跋此词云:"少游醉卧古藤下,谁与愁眉唱一杯?解作江南断肠句,只今惟有贺方回。"春路、春雨、春花、春山、春水、春色,这样的美景之下,把酒问盏的秦观是酒也醉,人也醉了。

秦观在丽水当局长的三年,也是醉在酒和风景里的三年,要不然,怎么能写出《千秋岁》这样的扛鼎之作呢?

水边沙外,城郭轻寒退。花影乱,莺声碎。飘零疏酒盏,离别宽衣带。人不见,碧云暮合空相对。忆昔西池会,鹓鹭同飞盖。携手处,今谁在。日边清梦断,镜里朱颜改。春去也,落红万点愁如海。

千百年来,人们读着这样优美的词,深切感受着秦观这个多情才子的无尽离愁和不可碰触的忧伤。也有人不远千里来到丽水,只为一睹秦观局长笔下柳边沙外花海莺声的丽水春色。

152

　　文坛中贪酒人多,但像秦观这样杯不离手、酒不离口的酒鬼诗才,也是极少的。他把丽水喝出了名,也写出了名,后世不少文人慕名而来,陆游就是其中的一位。陆游来到秦观时常待的南园,写下了"安用移封向酒泉,醉乡只拟乞南园"的诗句。

　　宋代钱塘人王琮曾居丽水,常到市郊的三岩寺游玩,"闲来一壶酒,来对雪岩斟",这样的生活,岂不令人生羡?所以他喝酒喝出了这样的感慨:"此处尽不俗,令人生隐心。"

　　在丽水待过的历代官员中,不少人的诗里都充满了酒味,也让诗意与酒香并存且一直飘到现在。

153

　　文人雅士离不开琴棋书画诗酒茶,丽水人的生活,有诗和远方,更有浓浓的茶香。丽水人特别喜欢喝茶,在大多数人眼里,喝茶不是骚客装风雅,而是他们真真切切的生活。

　　丽水是茶乡,红茶、绿茶、白茶都有,丽水香茶的品牌也叫得很响,香茶香茶,重点强调丽水的茶特别香。

喝茶是丽水人生活的一部分

154

　　丽水产茶历史非常悠久,唐宋时期,丽水就是我国重要的产茶区。宋代时丽水每年都向朝廷进贡茶叶,遂昌在北宋时已是全国 40 个著名茶场之一。现在丽水是全国重要的绿茶产区,松阳可以说是百里乡村百里茶,所以松阳绿茶交易市场是全国最大的。

155

　　丽水茶叶中,名气最大的,首推惠明。

　　王旭烽在《南方有嘉木》对此有大段的描写:相传唐朝大中年间,

有个苗族老人雷太祖,带着四个儿子,从广东逃难到江西,说来也是缘分,在江西,雷太祖结识了云游和尚、景宁敕木山惠明寺的开山祖师,便交了朋友,一路同行到惠明寺。这里古木森森,荒无人烟,是流浪汉安身栖息的好地方。雷家父子便在惠明寺周围辟地种茶。渐渐地,惠明茶便在敕木山区流传开了。1915年巴拿马世界博览会上,惠明茶拿到了金奖,从此名扬四海。

156

与此同时,淹没在庆元深山里的银屏茶也在那次博览会中拿到了银奖。只可惜,产自月山村银屏山上的这种茶现在已经淡出江湖了。

现在丽水的茶叶品牌多如牛毛,像莲都的梅峰茶、莲都红,龙泉的金观音,缙云的黄贡,遂昌的龙谷丽人,松阳的银猴,庆元的沁园春茶、百山红茶,云和的仙宫雪毫……数也数不过来。

157

对于丽水人而言,茶是一种树叶,树叶也可以当成茶,比如松阳的端午茶。端午时节,松阳家家户户都会到山上采些草药晒干,即为端午茶,也有人说只要是端午那天,到山上,随便看到什么树叶,摘来晒干就可以。端午茶是传统保健茶饮,传承上千年,可以常饮用,有防病健身、防暑解渴的功效。端午茶带有草木清香,与茶叶味道完全不同,松阳人常年都会泡端午茶。

158

爱吃辣椒的遂昌人喜欢喝菊米茶,因为菊米降火。据《本草纲目拾遗》记载:"处州出一种山中野菊,土人采其蕊干之,如半粒绿豆大,甚香而轻圆黄亮,云败毒、散疗、祛风、清火、明目为第一,产遂昌县石练山。"

柳叶蜡梅也是丽水人的保健茶,小孩子喝了能消积解食,很多人都喜欢找这种树叶泡来喝,据说它降血脂的功效特别好,而且能减肥。

如此看来,到丽水来一定要留心,碰到山上有树叶的,摘几片泡泡,说不定就是良药。

159

丽水人以前只喝绿茶,现在也喜欢喝红茶、铁观音、普洱。一个小小的城市里,几百米的一条街上,就有几个茶楼。丽水人的茶楼,不仅用来喝茶,也用来喝酒,一般的茶楼都会备几个菜,酒却是可以源源不断地供应。

从健康的角度来看,酒后不宜饮茶,丽水人偏偏喜欢酒后喝茶。先喝茶再喝酒,喝完酒又喝茶,丽水人将这当成休闲生活。

160

丽水,是养吃货的地方。丽水山多,海拔落差大,所以各种各样的食材特别丰富,山上长的,田里种的,水里游的,塘里养的,地下藏的,地上跑的,让人目不暇接。天好地好食材好,就什么都好吃。

山珍树果,河鲜海味,应有尽有。以前,丽水人将吃得饱当作一种梦想,现在,丽水人将吃半饱当作一种享受。

161

台州人吃饭是无鲜勿落饭,丽水人吃饭是无菇勿落饭。好多地方的人是谈菌色变,而丽水的人是无菌不欢。

谈菌色变是因为对菌类不了解,经常有人吃野生菌类中毒,丽水人则不然,丽水人对野生菌类的认识,可以说是处于世界领先水平。八百多年前,庆元龙岩村有个叫吴三公的后生,用砍花法和惊蕈法发明了栽培香菇技术,成为人类栽培香菇的创始者,他被后人称为"菇神",龙庆景三地都建有好多个菇神庙供奉他。

丽水的食用菌资源非常丰富,庆元的香菇和灰树花,龙泉的灵芝,景宁和云和的黑木耳,还有杏鲍菇、姬松茸、金针菇,光说菌类,就可以组个百菌宴。

丽水拥有数百种可食用的菌类,那些长得奇形怪状的野生菌,丽水人总喜欢将它采回去吃,而且烧的工序也是相当讲究。丽水最有名的野生菌是牛肝菌,当地人也叫黄殿菇,主要分布在庆元、龙泉、景宁等地,味道极其鲜美,当地自古就有吃菇要吃黄殿菇的说法。

丽水有意思

供奉菇神吴三公的菇神庙

162

除了菌类,丽水溪鱼也是远近闻名。

溪鱼是丽水最常见的土货,是外地人来丽水必尝的河鲜。丽水的鱼生态有机,因为丽水水质好,溪鱼味道鲜美。

十多年前,台州的一位媒体领导来丽水,因为赶着去乡下,所以我们就带他在瓯江边的路边小店吃晚饭,五六个人吃了一锅白汤军鱼,那鱼汤似牛奶,鱼肉细嫩,价格实惠。几年后,恰逢"蒌蒿满地芦芽短,正是河豚欲上时"的季节,我又与他相逢,他说,那次在瓯江边吃过的鱼,比河豚的味道好多了。

163

有人说，一条瓯江都是吃溪鱼的好地方，瓯江小溪鱼是最好吃的。

有人说，丽水最好吃的是鱼头，鱼头是人们舌尖不可辜负的美味。丽水吃鱼头的地方挺多的，安仁鱼头、赤石鱼头、焦滩鱼头最有名。

安仁鱼头，是在紧水滩电站建成后而兴起的，靠湖吃湖，安仁鱼头不知不觉变为了当地最有影响力的主菜。安仁鱼头以紧水滩水库中的鱼为主料，鱼头剁好后，将水晾干，然后放到锅里煎黄，配上豆腐、料酒、姜、大蒜、紫苏、辣椒等，再滚到浓汤出来为止，美味无比，远近客人纷至沓来。

安仁鱼头出名后，瓯江沿岸的群众纷纷赶来，温州和丽水市区的人有时会专门为了鱼头而跑到安仁镇去。龙泉人说，安仁鱼头甲丽水。

说安仁鱼头最好，云和意见可大了，云和人说，紧水滩库区大部分是云和境内的，云和仙宫鱼头才是最好的，以前柴松岳省长在赤石码头的农家乐考察过仙宫鱼头，对它赞不绝口。

遂昌人觉得丽水鱼头唯我焦滩好。焦滩鱼头选取乌溪江中的鱼，味道绝佳。

很难说哪里的鱼头最好，我吃过后觉得都挺好。反正别人说的终觉浅，要尝美味须躬行，如果真的要评出个高低，还是得自己去吃了才知道。

安仁鱼头甲丽水

164

丽水人吃东西,不忌口,不排外,天南地北的菜,都可以融为一体。重庆火锅、东北饺子、沙县小吃、金华骨头煲和迷踪蟹什么的,生意都挺好,韩国料理、日本料理也很受人喜欢。

165

丽水没有海,但丽水人对于海鲜颇为喜欢。丽水烧海鲜的店是开一家火一家,丽水每天都有来自舟山、温州和宁德的海鲜上市。丽水人经常跑到温州、福鼎、霞浦去吃海鲜。

有些不了解丽水的人总觉得丽水这山旯旮里,不懂得如何吃海鲜烧海鲜,其实丽水人还是蛮会搭配的,有许多创意,海鲜烧山珍,叫山海协作,比如江蟹炒黄粿、霉干菜烧虾、虾烧茶树菇、虾烧藕、带鱼滚豆腐。

丽水人还喜欢生吃海鲜,什么三文鱼、生蚝的,酒店里的自助餐,每次消耗得最快的就是海鲜。

166

丽水最有名的本土菜是稀卤鱿鱼羹,丽水人也叫这道菜为稀卤螟脯。螟脯就是墨鱼干。明代郎瑛《七修类稿·辩证类·伪墨艾纳》中说:"乌贼鱼暴干,俗名螟脯。"

稀卤螟脯是丽水大大小小酒宴都必须上的菜,也是百姓家里都会做的民间菜肴。这道菜的配料很多,有鱿鱼、冬笋、精肉、豆腐、虾皮等,营养丰富,又开胃可口,一般人可以吃上好几碗。

167

招待外地客人,丽水的野货自然是不能少的。以前,有位嘉宾来丽水,他感到纳闷,怎么每次来都有野猪肚?他就问接待的同志,你们这个地方哪来这么多野猪?

接待的同志开玩笑说,我们的野猪都养在山上的,在野猪的肚子下面装了条拉链,你们这些尊贵的客人来了,就拉开拉链,割一块来,再重新拉上拉链,长几个月后,再去割。所以你们每次来了,都有新鲜的野猪肚吃。

其实丽水的野猪还是蛮多的。

168

丽水城边经常有野猪出没,有时野猪竟然还会到城里逛街。前不久,有只野猪跑到南城的街上,一位小车驾驶员一不小心就撞上了它,人一受惊,车子失控撞到了路边,人也受伤了。所以有人说,丽水要立个城市的规矩,小车不仅要让人,还要让野猪,否则发生了交通事故,还不知道该找谁赔呢。

169

说到中国的吃,大抵是哪个省都比不过广东的。有人戏称,广东人什么都敢吃。天上飞的,除飞机不吃,水里游的,除潜艇不吃,地面上走的,四条腿除沙发不吃,其他都会吃。蚱蜢、蝎子、蟾蜍、老鼠、蛇、鹰、穿山甲、鳄鱼……广东人口味真是重得没话说。

来过丽水的人,对丽水也是惊叹不已。为什么呢?丽水人爱吃知了。知了在丽水是抢手货,聚会无知了不欢,酒席无知了就变得没特色。不过,许多外地人一看到盘里那黑乎乎的知了,一般都感到相当恐怖,不敢伸筷子。这时丽水的人总会循循善诱,向你介绍知了的营养价值,直到逼你就范为止。

170

知了就是蝉,它不仅营养丰富,而且可以入药。丽水人吃知了,将知了身价抬到一百多元一斤,吃了本地的,还把江西那边的知了也吃了。丽水市区三四十万人,市场里的知了好的时候一天可以卖个一万斤左右。因为知了贵,你到菜场里的熟食店里让老板给你尝下,老板不到万不得已,一般不肯,因为一只知了就要几元钱。

外地人总担心,知了被丽水人这一吃,多少诗意被吃尽了。好在浙大的教授说,知了吃不绝。这下外地人才放心了。

171

丽水人不仅迷恋知了,还喜欢吃虫子,酒店里点菜,松线虫也是特色菜。这种虫子一般长在松树里,松树被砍了之后,过段时间会长出松线虫,每小段木头里,都有这样的虫子。现在这种虫子成为一种美食,卖价挺不错。

172

装菜用锅,这是丽水餐饮的一大特色。丽水人对锅很感兴趣,比如二锅头,好多人也是喜欢喝的,比如《宰相刘罗锅》,好多人也是喜欢看的。当然,那些什么重庆火锅、四川火锅,好多人也是喜欢吃的。

丽水火锅生意挺好的,火锅还分大锅、中锅、小锅,如果更小的,就叫锅仔了。丽水人烧什么菜都可以做火锅,大部分丽水人喜欢吃火锅。以前,庆元、景宁一带的农村里,每家每户都有一个泥炉,每到吃饭时,总会将灶里的炭火夹到炉里,然后支上锅,什么菜都烧得滚烫,味道特别好。

173

三十年前,街面上兴起快餐。庆元的快餐店里,无论是夏天还是冬天,打菜从不用盘子,而是用小锅,你打一份菜,给你一个锅,因木炭不方便就改用工业酒精。热腾腾的小锅仔,用吃快餐的钱能吃出火锅的味,所以这些快餐店生意非常好。

不过,缙云人却不太喜欢吃火锅,缙云人烧菜喜欢一道道烧。缙云人过年讲究排场,总要烧几十个菜,在大冷天,人坐齐了,热菜也差不多成冷盘了,但是他们就是不愿意把菜倒入火锅里。

174

丽水城里,这几年流行庆元油冬菜火锅。城里人吃油一向非常讲究,好多人平时都不愿意碰猪油,而是吃植物油,可一吃起油冬菜火锅,根本没将猪油当回事。

这油冬菜火锅,就是将油冬菜、豆腐、肉、冬笋和酒糟等烧在一起,然后再倒到火锅中滚起来。庆元油冬菜火锅一般只收十元一人,不少上流人士也常去吃。现在带星的酒店里,基本上都会烧,有人说这是最接地气的火锅。

如果是到小店里,还能吃到这油冬菜火锅的三大标配:酒糟肉、酒糟大肠、水蒸蛋。那吃起来就是香,饭量比平时大一倍。

175

绍兴人喜欢臭豆腐,丽水人喜欢泡豆腐。丽水松阳大东坝的泡豆腐特别有名,缙云人不仅喜欢泡豆腐,还喜欢做豆腐丸,味道十分鲜美。

丽水人烧菜,风格不一,缙云人烧东西最喜欢油炸,除了泡豆腐、泡肉丸、土豆片、番薯片、鲜笋,缙云还有几家企业专门炸番薯片,生意可火了。缙云人烧菜还特别喜欢放生姜。

遂昌、松阳人烧东西,喜欢加辣椒,龙泉、庆元人烧菜,特别爱放酒糟,有些人烧叶类蔬菜也放酒糟。龙泉、庆元、景宁的人烧鱼喜欢放紫苏,松阳、遂昌的人烧鱼喜欢放薄荷。

176

龙泉、庆元、景宁人烧东西,仰仗着木头多的优势,喜欢蒸炖煮,连青菜也经常是水煮的。一般家禽采用隔水蒸熟,有青山不愁没柴烧,所以用起柴火丝毫不怕浪费。小时候,我们家里烧鸡鸭时,都是放在锅里炖,有时是从早上炖到晚上,有时是从夜里炖到早上,路过房子外面,都会闻到香美的味道,简直就是佛也会跳墙。倒是现在,大家基本上改用了液化气,这种传统的烧法太浪费了,所以渐渐地失传了。

177

　　丽水人都有土灶情结,好些人到了城里,依然抹不去炊烟袅袅的山村烙印,所以丽水市区有几家专门烧土灶的农家乐,生意红火。还有一些人在家里也用个铁架子自制土灶,要烧时,拉到阳台上便可以开工了。

　　丽水人最喜欢吃大木桶烧的饭,米煮过后再捞出来蒸,饭很香,而且米汤稠稠的,如油一般,庆元人称之为米油。据说,这种饭,哪怕是糖尿病人也可以放心吃。

　　现在,好多的小快餐店还保留了传统的烧饭方式。

丽水人对传统土灶情有独钟

178

丽水人很会做小吃,一些像眉毛酥、番撒、金团、响铃这样既有艺术感又美味的点心,一听就让人流口水。

现在丽水小吃最有名的,就数缙云烧饼。"缙云烧饼,真是好吃",这是前几年有个叫基地小虎的缙云人在网络上唱的烧饼歌中的名句,这首歌让缙云烧饼火了一把。

缙云烧饼,用面粉、夹心肉、霉干菜、盐、糖、芝麻等做成,然后放入炭火旺盛的桶中烤,这种饼香喷喷,很可口,是一代代缙云人的乡愁。

最有名的丽水小吃——缙云烧饼

179

好多人都觉得,缙云烧饼比老外的比萨好吃多了,而且从制作工艺来看,我们的技术明显比老外高,为什么呢?老外做比萨,将馅放在外面,而我们是将馅包在里面的。

180

缙云烧饼哪家好?以前,宫前烧饼是公认的好吃。据说这个宫前村的村民是李世民的后代。宫前村有个烧饼师傅叫李秀广,李家的烧饼,的确是很牛,永康、仙居等地的客人都慕名而来。

在缙云,吃烧饼配面饺是套餐,李师傅一天做多少碗面饺是有规定的,去迟了就吃不到。饼好不怕路远,有些人开个车跑几十里路就为了到他这里吃个饼外加一碗面饺。

李秀广的烧饼出名了,生意就来了,一个景区的老板,前后与他谈了三年,希望他能挪到景区里做烧饼,三年了还没能谈成。人家刘备是三顾茅庐,这老板也真是诚心,最后谈判,以三十五万元年薪,每周干六天活的条件将他引进景区。

这天价烧饼师傅,使得不少公务员也动了心,一时间,缙云机关单位里学做烧饼成风。不少人开玩笑,哪天下岗了,搞不好也可以去当个年薪三十五万元的烧饼师傅。

181

如果你到丽水,看到手上没毛的男子,那八九不离十是缙云烧饼师傅。烧饼用炉火烤,炉内炭红灼灼,烧饼师傅将包好的饼放在桶里烤,没点真功夫,不仅手上的毛会被烧光,手指也容易被烤熟。

在有一年的省农博会上,一个烧饼师傅说他一天烤了两三千个饼,收益达到一万多元。不过,实在吃不消,手也被烫伤了。要将包好的饼放到高温的桶里烤,这天长日久,必定练就硬功夫,缙云烧饼师傅个个有铁砂掌。不过,手受得了,手上的毛可都被烤没了。所以人们说,嘴上没毛办事不牢,手上没毛才有可能将烧饼烤好。

182

缙云烧饼成为名特产,县里还专门成立了烧饼办,一下子培训出了数千名烧饼师傅。县里领导班子也集体学做烧饼,以后看到手上没毛的领导,基本可以判断是缙云的领导。

183

有人说,丽水最不缺钙的是缙云人,因为缙云人不仅喜欢吃烧饼,还喜欢啃骨头,尤其是喜欢吸骨头里面的骨髓,吃骨头像喝饮料,拿根吸管拼命吸。在外地的缙云人回到县城,一般都会立即到街上吃个烧饼,再喝碗骨头汤,吃两根筒骨,这样才完美。

丽
水
有
意
思

184

　　丽水最传统的早餐当数庆元的早餐。好多地方人的早饭是面条或者是面包稀饭，庆元人吃的却是米汤米饭。庆元人的早餐很讲究，有小菜，有特色的酒糟系列——酒糟肉、酒糟肠、酒糟带鱼等，还有水蒸蛋和咸菜。

　　庆元早餐，米汤浓、米饭香，咸菜可口，所以好多人去庆元住宿，都不愿意在酒店里吃早餐，而喜欢到小巷里找特色的早餐。本地人回去吃是寻乡愁，外地人去吃是找特色。

185

　　青田的饮食是最具国际范的，青田人的比萨烤得与国外相差无几，青田品尝到的西班牙火腿、红酒几乎都与欧洲同步上市。如果问全国哪里的人最爱喝咖啡，那无疑是青田人。

　　青田人认为，青田的咖啡，是全中国最好的。青田人总觉得除了青田，中国没有一个城市能随便到一家店里就喝到如此正宗的咖啡。从人均拥有量算，青田咖啡馆的数量全国第一，青田县城很小，鼎盛时期，大大小小的咖啡厅却有近两百家。

　　青田咖啡是在 20 世纪 80 年代从欧洲引进的，华侨们回国，随身带回一些咖啡，那时很少有人知道咖啡这玩意儿。20 世纪 90 年代初，青田出现了咖啡店，一般人的月工资也就一百多元，可喝一杯咖啡要十元钱，那真可谓是天价咖啡。无论是早上、中午还是晚上，坐在咖啡店里,喝一杯咖啡,那一天的心情都会很好。

186

咖啡对于青田人来说,就是生活的一部分,没有咖啡,就没法活了。

前几年,在医院里碰到一位青田人,他说已记不清到底第几次住院了,每次都是胃的问题,医生一直告诫他不要喝咖啡,但生活中就是缺不了咖啡,所以一次次住了进来。

青田人的嘴很刁,对咖啡的口味十分挑剔。他们喝一杯咖啡,对咖啡豆的品质、打磨的技术、杯子的形状、冲泡的温度,都十分讲究。

苏东坡说宁可食无肉,不可居无竹,看来青田人却是宁可食无肉,不可无咖啡。

187

青田田鱼是丽水的一大地方特产,2005 年 5 月 16 日,青田方山田鱼被联合国粮农组织评为"全球农业文化遗产保护项目——稻鱼共生"。

据说,青田自建县以来,就有稻田养鱼的习惯,至今已有 1200 多年的历史。青田田鱼出名后,身价倍增,近销温州上海,远销欧洲。我有个朋友在温州开小酒楼,他将青田田鱼卖到两百元一斤。他老跟顾客说,你们吃的不是鱼,而是文化。

丽
水
有
意
思

188

　　不少外地人到丽水，发现丽水人特别会做稀奇古怪的食品。

　　龙泉、庆元、景宁一带的农民，会做乌饭，乌饭是从山上摘来一种树叶煎出黑汁，然后用来烧饭。曾有民间故事说是以前庆元有个妇女因丈夫被抓到牢中，每次送饭都被牢头吃了，于是她想出了个办法，将米饭做成黑饭，让它无人问津，这才送到丈夫手中。这种黑饭已成民俗，龙泉庆元一带好些人家都会做。

　　我记得很早以前有一次去庆元黄田的朋友家里做客，他老妈很热情，烧了乌饭，我是第一次看到，朋友开玩笑说，你们有文化的人来了，我母亲烧饭时，特意浇了墨汁，有点黑。

　　不是有点黑，是非常黑啊！开始我还真不敢吃，后来搞明白了，还是不敢吃，不过，吃了一口后，发现还真是好吃。

　　去遂昌，当地的人总会拿出一样东西让你吃，那就是黑炭一般的花生，不了解的人根本不敢将其往嘴里送，不过这可不是用普通的炭做的，而是竹炭做的。遂昌竹炭产品开发已居国际领先地位，遂昌竹炭项目曾获得国家科技进步奖二等奖。

乌饭与竹炭花生

189

丽水人的番薯干做得特别好,尤其是遂昌烤薯,名声在外。遂昌几乎家家户户都会做烤薯。遂昌烤薯外观呈琥珀色,鸡心状,口味甜润,深受消费者欢迎,遂昌现已形成了一万余亩优质原料生产基地。

缙云番薯干也很有名气,每年的农展会,都会展出。

190

青田杨梅中外闻名,青田东魁杨梅,个头像乒乓球一般大,杨梅之中唯有青田这种杨梅是论个卖的,这样的杨梅空运到欧洲,一个可以卖一欧元。

云和雪梨、新路湾葡萄、应村红心猕猴桃、北界红提，丽水每个地方都有特产。缙云土面、海溪粉丝、龙泉和庆元的黄米粿、遂昌长粽、青田糖糕，还有千层糕、青糕，每种都吃一餐，要吃好几天。

191

丽水各地的人都喜欢吃咸菜，丽水的咸菜品种之多，做法之多，也是让人叹为观止。丽水人无论什么菜都可以晒干或做成腌菜。丽水人光是笋就有好多种做法，做成油焖笋、腌笋，笋干还分白笋与红笋。

192

松阳有道名菜，叫歇力茶猪脚。松阳人一累就烧歇力茶猪脚补身子。

歇力茶是松阳民间常用的一种草药，具有祛风除湿、增强体魄的功效。将歇力茶树根切碎放入锅中煎熬制成汤汁用来炖猪脚，这猪脚肥而不腻、茶香可口。

过去，猪脚并不是谁都能买到的，也有人用歇力茶与鸡蛋同煮，俗称柴根蛋，也具有同样的药膳功效。

193

丽水人喜欢吃药膳是出了名的，他们烧牛羊鸡鸭猪肉时，总喜欢放一些草药。有一次我到遂昌乡下出差，离开村子时，一位认识多年的农民朋友特意拿了几条与圆珠笔差不多粗细的树枝和树根给我。他说这是牛奶藤,烧肉类时放些进去,味道特别好。我还以为这树根能煮出牛奶来,回去后试了试,牛奶倒是没有煮出来,不过那肉中的油果真少了好多,而且汤中有一股淡淡的药味,味道还真是好极了。

194

丽水市民,多半都可以评个"药师"。以前,丽水农村的人,有个感冒发烧的,都喜欢自己随便到山上抓一把草煎起来吃,或者到草药摊上买点草药,汤落肚病便除,效果非常好。记得小时候农村没啥药,感冒发烧时,母亲经常去拔一把野草莓,用剪刀一段段剪细,然后放水里煎好,再放点红糖,吃个几次也就好了。不像现在看个感冒不是吊瓶就是打针,还好长时间也治不好。有时感冒,鼻涕直流,咽喉冒烟,母亲便到地里拔些自家种的葱,剪下根用水煎沸,然后调入番薯粉,再打个鸭蛋进去,既美味又有疗效,基本都能药到病除,看来智慧真的在民间啊。

195

畲族人把山上的草药统称畲药,还专门搞了研究会。丽水人特别喜欢偏方,前些年,还有丽水的报纸向读者推荐偏方。

196

前段时间,有个土豪带农村的亲戚去酒店吃饭,亲戚吃完后跟他说,总感觉以前乡下人都梦想城里人的生活,现在却发现城里人的生活越来越逼近过去乡下人的生活。为什么呢?酒店里吃的南瓜、地瓜、荠菜,过去我们没饭吃的时候才吃,现在这些东西大多都是给猪吃的。

197

桐乡的牛栏咖啡名气非常大,丽水人觉得太搞笑,那个牛栏猪栏,村村有,家家有,有什么稀奇的,这些城里人真不知道是怎么回事。以前我们住得像牛栏似的,好不容易盖了房子,现在城里人又热衷那牛栏猪栏的,真是赶不上城里人的节奏。现在,松阳一些农村,也将牛栏进行改造,还是有模有样的。

198

人们到丽水,都说丽水市区水比较热,吃东西特别容易上火,但是丽水人从不拒绝辣。麻辣烫之类的东西,在丽水卖得特别好。遂昌、龙泉接近衢州,都是辣不怕。以前形容丽水人穷的一句话就是"辣椒当油炒,火篾当灯草",现在看来,生活好了,油尽量少放些,但依旧是辣椒当油炒。

丽水人喜欢吃辣椒,也懂得养生,辣椒容易上火,因此像王老吉、

加多宝、何其正这样的凉茶很受欢迎,一个地级市的销量就超过有些
省份。

<h2 style="text-align:center">199</h2>

六月六,鸡蛋烤得熟,这说的就是丽水。民国时期,重庆、武汉、南
昌、长沙被称为"四大火炉"。2010 年后,重庆、福州、杭州、南昌成为
"新四大火炉"。其实与它们相比,丽水一点也不逊色。

丽水是个著名的大火炉,经常因为温度夺得全国高温榜的前三
甲。2003 年丽水最高温度曾达到 43.2℃,比当年吐鲁番的温度还要
高出不少。那一年,我们曾做过烤鸡蛋的实验,拿了个铁盘子,放在滚
烫的地上,将鸡蛋打在上面,过了一段时间,鸡蛋真的被烤出了模样。

看来,夏日高温时,喜欢吃鸡蛋的丽水人可以省煤气和电了,可直
接用太阳能煎鸡蛋。

<h2 style="text-align:center">200</h2>

一到夏天丽水人就特别爱洗澡。我是 1995 年来到丽水上学的,
那时还没有空调,寝室里连电风扇也没有。到了晚上,白天的热火还
烧得厉害,寝室的同学排队冲冷水澡,不知要冲多少次冷水才睡得着。

2000 年我调到丽水工作后,发现在夏天的早晨,办公室里经常有
人在聊类似昨天热死了、昨晚洗了几次澡的话题。

以前丽水人夏天睡觉,总喜欢开着房门。有个同事家住在顶楼,
夏天实在热得不行,于是开门开窗睡觉。等一觉醒来,发现还不会讲

话的孩子不见了。夫妻俩立即出门去找，发现孩子热得受不了，通过楼梯爬到屋顶上吹风去了，吓得夫妻俩半天说不出话来。

那时，丽水人不仅人要洗澡，每天也给地板洗澡，一脸盆的水浇上去，没多久就干了。干了再"洗"，直到深夜，再次将地板洗洗后，自己最后洗一次澡方能睡着。

201

夏天，丽水市郊还会出现好多"山顶洞人"。丽水的夏天，凡是能躲人的山洞，都会有人躲到里面纳凉消暑，这些人经常自嘲为"山顶洞人"。

一到夏天的晚上，好多地方的人都喜欢躲在家里，丽水人反而都喜欢跑到商场里，夏天的商场和公交车生意最好，原因是有空调。

夏天在山洞里纳凉的"山顶洞人"

202

丽水的天气,像丽水人的性格一样,棱角分明,要么热,要么冷。网上流传着一个段子:在很久很久以前,丽水的冬天爱上了丽水的夏天,可是他们始终不能相见。后来,他们为了在一起,就联手干掉了丽水的春天和秋天。而且夏天无雨,冬天无雪。之后他们生了一个闺女叫春寒,生了个儿子叫暖冬,从此丽水人民愉快地过起了乱穿衣服的"神经病"生活,并留下了千古名句——众里寻它千百度,它想几度就几度。冬天到了,小心别中暑了。

这段子编得还挺靠谱的,丽水人常说丽水没有春秋,要么是夏天,要么是冬天。而且冬天温度经常反常得像夏天一般,有一年的大年初一热得只穿短袖,丽水人觉得自己是在海南过春节。

203

有人总结,丽水春无三日晴,夏无三日雨,秋无三日凉,冬无三日雪。

丽水的春天总是细雨绵绵,夏天总是烈日炎炎。有一年 38℃ 以上的天气持续了两个多月,就是没下过一滴雨,按规定,这样的天气,丽水人天天可以放假。丽水的秋天,前半段是夏天,后半段或许是夏天,或许是冬天。

204

丽水的冬天大多是暖冬,但也有寒冷的时候,有时气温像坐过山车,从夏天直接冲到冬天,就像坐飞机进高原,一下子冷得适应不了。有一年市区温度最低的时候达零下 8℃。别小看南方的零下 8℃。南方的湿冷,简直就是刺骨寒心,不像北方,到处都有供暖。有位同事是山东人,来丽水一年后得出个结论:丽水人是耐热耐寒材料做成的神,夏天不怕热,冬天不怕冷。

205

丽水的天有时像小孩子,说变就变,以前连天气预报也报不准。一位朋友曾在气象台工作,他每次跟老婆说今天会下雨请带把雨伞再出门,可老婆偏不。每次他跟老婆说今天天晴的,那她就赶紧去拿雨伞。朋友的老婆说,气象台的人说天晴那一般是会下雨的,说下雨,一般会天晴的。

206

丽水人看雪,犹如看见心仪的人一般激动,每次碰到下雪,丽水人比过年还兴奋。鸡年年初下了第一场雪,市区白云山上一片白茫茫。中午的时候,好些同事去看雪,回来时都说,其实不是去看雪的,是去看看雪的人。大家好像前世没看过雪似的,一看到雪就这么激动。

丽水的媒体都喜欢做雪的文章,每次下个雪,都是整版整版地报道,在丽水的北方人觉得丽水人太奇怪了,下个雪怎么就这么稀奇了?

网上还传出段子:一哥们从海南来到丽水,夜里他喝了点酒早早就睡了,第二天起床,发现丽水下雪了,他说难道我在丽水睡了大半年了,这房费该怎么结啊?

207

丽水人蛮好玩的,分别时一般会说一句客套话:快慢紧。外地人一听,必然是一头雾水,搞不清楚"快慢紧"是什么意思,这又快又慢又得赶紧,到底是几层意思呢?

208

丽水是一个小城市,过的理应是休闲的慢生活,什么事情都可以慢半拍,可丽水人并非如此,丽水人的内心,还是比较急的。

丽水人吃饭,讲究快。丽水人不像杭州人可以在西湖边的咖啡厅里买杯咖啡喝一个下午,也完全没有杭州人在外婆家、绿茶排队的耐性。杭州人吃个饭可以等上几小时,丽水人一听吃饭还要排队,保证扭头就走。

丽水人比较喜欢小炒,上座即可以上菜。丽水灯塔街上曾有家小炒店叫三元小炒,去吃的人挺多,什么菜都是三元一炒,又快又便宜。丽水人喜欢直接,吃个快餐最省事,所以丽水的快餐店生意是最好的。

209

丽水公交站点间的距离是全省最短的,有些地方开一百米就停,一个很小的小区,也可能会在不同的门各设一个站点。

210

丽水人开车比较急,比较喜欢超车。前几天,报纸曝光了一辆豪车违章了三百多次还没去处理。

2009 年 3 月 24 日,丽水一弄堂口发生一起顶牛事件,两个女车主一顶顶了八小时,双方发生争执,互不相让,围观群众都惊呆了,这八个小时,跟上班一天的时间一样了。最后据说是民警劝说三个小时没有效果,只好强行将双方的车拖走,双方都被拘留了五天。

这种各不相让的心态,其实反映了丽水人内心的急。丽水人喜欢走路,清晨或晚饭后,走走路锻炼一下身体。但丽水人也怕走路,丽水人喜欢将车子停到家门口,宁愿让车子日晒雨淋,也不愿停在车位上或车库里,方便快捷才是最重要的。

211

有次去上海,有个朋友带我们去吃饭,他说很近的。结果坐上车,一个多小时才到吃饭的地方。我说,一个多小时就好比从丽水市区跑到龙泉或遂昌吃饭。在丽水,我们断然不会这么干的。

在丽水花二十分钟就基本能穿城而过,所以丽水人眼里远与近的分界线,差不多就是十分钟左右的距离。上班的丽水人总希望住所离单位近一点,有孩子上学的总希望离学校近一点,做生意的总希望离商场近一点,所以丽水人如果住在二十分钟车程外的地方,就非常不自在了。市区里的一部分人,会随着孩子变换学校而换房子,在他们看来,住在学校一千米之内是最佳的。

212

一般认为,路是用来走人、开车的,街是市区核心的商业地段。可是丽水人总是将市区里东西走向的马路称为街,将南北走向的马路称为路,唯一例外的是中山街,它是南北走向的,也被称为街。三十年前,丽水仅有中山街、解放街、大众街、灯塔街四条街和丽阳路一条路,这几条街逛完,丽水城也就逛完了。

现在,城市面积扩大了好多倍。城市一长大,这街和路就乱了。大多数人叫丽阳街为丽阳路,人民街为人民路。人民街上的学校名称却叫人民路小学。

213

大猷街是丽水城最靠江边的一条街,老百姓几乎都称其为江滨路。

老大猷街非常小,原先是老丽中门口的一条巷子。旧城改造后,老大猷街被改造到了江边。

丽
水
有
意
思

有个朋友说,他曾有几个外地朋友来丽水,他就在大猷街上等他们,等了老半天还没来,对方就是说找不到,导航上也搜索不出来,丽水是没有江滨路的,他这才意识到是自己讲错了,将大猷街说成了江滨路。

丽水有条卢镗街,前几年旧城改造时也被拆了,现在的这条街与过去那条街除了名字,其他没有任何联系。

214

丽水华敦街也叫青田街,丽水城里的"移民",最多的是青田人。改革开放之后,定居到丽水的有数万青田人。以前他们大多聚居在城市之外的九里和华敦街等地段,不过城市扩大之后,他们所住的地方都"进城"了。现在,人们还是习惯称华敦街为青田街。

215

条条道路通罗马,丽阳门公园边有条没有名字的小巷,老百姓都叫它罗马步行街,不知道的人还以为它与罗马有什么关系。这公园的边上有座建筑叫罗马大厦,所以这条小巷,老百姓叫着叫着,就变成罗马街了。

216

丽水有三家企业整天被人惦念着,一个是纳爱斯,因为它花了一千万造了纳爱斯广场。另外两个是缙云的企业,分别是浙江寿尔福化工有限公司和浙江宇雷包装股份有限公司,它们都在丽水市区冠名了一条路,一条叫寿尔福路,一条叫宇雷路。看来二十多年前的这几十万元钱,花得挺值的。

丽水道路冠名一事,也看出丽水人的脑袋瓜还是很灵光的。

217

丽水是避世的好场所,一则地处吴越大地,有吴越文化浸染,二则丽水山高水远,与世隔绝,是隐者的理想选择。

相传老子学生、越国大夫范蠡的老师计倪,因愤世嫉俗,一路向南而行,最后选择在缙云鼎湖峰西练溪边的初阳山隐居,倪翁洞原为初阳谷,因计倪的到来而改名。

唐缙云县令李阳冰写的"倪翁洞"三字,是"小李"送给缙云人民的厚礼,也为倪翁隐隐约约留下了个名号。《仙都志》记载:"古老相传昔有倪长官隐居于此,今失其名。"北宋大文学家欧阳修称计倪是"缙云之隐者"。

218

儒家学者浮丘伯,是秦汉时期从旧儒学到新儒学发展中承前启后的重要人物,他因不想介入政治,携带双鹤隐居于景宁鹤溪。

《景宁县志》中记载,浮丘伯到景宁后,就在溪滨垒石筑台垂钓,沐鹤于溪,于是这条河就被人叫作鹤溪。

如果你在景宁看到飞鹤，没准就是浮丘伯带来的那两只仙鹤的后代。

219

古人说，括苍之胜推南明。南明山能成为古人眼中的括苍之胜，真是应了山不在高有仙则灵的话。

南明山位于市郊，是古人踏青的好地方，人走得多了便成了路，人看得多了就成了景，久而久之，这里便成为文人墨客都必须走一走的地方了。

我认为，如今的南明之胜当推摩崖石刻。

南明山上有个石梁，如桥般凌空横悬，是南明山的一大风景。石梁长达十数丈，被喻为"半云""悬虹"，而这石梁，最珍贵的还是它上面题刻的字。南明山是一千多年来名家达人们用来挥毫的天然宣纸，各类石壁上定格了不少名人的墨宝。这南明山上的石头因刻了名家手迹，原本平常的石壁变得价值连城。

这些摩崖石刻中，比较有名的是东晋葛洪留下的"灵崇"二字和米芾留下的"南明山"三字。此外，"敬义""石梁""半云""悬虹"都是名家之笔。明人屠隆说："好借南明一片石，同垂名字照千春。"

220

米芾留存世间的真迹并不多，"南明山"三个字却千真万确是米芾的笔迹。物以稀为贵，所以显得珍贵。

李白爱喝酒，也爱做梦，一个梦醒来就写出了《梦游天姥吟留别》。传说米芾也是在梦游之后提笔写下了"南明山"三个字。

文章靠写，故事靠编。其实，米芾为南明山题字，完全是因为书友刘泾的提议。刘泾在南宋绍兴年间任处州知州，他游玩了南明山后，总觉得应该请个人来题写山名，于是就想到了米芾。绍兴四年，刘泾上京述职时听说米芾在江苏涟水，于是他转道去见了老友，并请其题字。老友相见，免不了叙旧，刘泾自然也免不了将南明山风光向老友详细介绍一番。

米芾的字飘逸张扬，懂的人说有大师风范，不懂的人觉得这几个字写得歪歪扭扭的，像是梦游时写的。看来，大师只有在懂行的人面前才能当大师，在不懂的人面前，当了也白当。

221

丽水多山，山上多石，群贤毕至，少不了涂涂画画，于是东晋、唐、宋、明、清等朝的达官贵人们在丽水留下了近五百处摩崖石刻，这些石刻占浙江省古代摩崖石刻遗存的三分之一。

想想也正常，平原地区哪有什么地方可以刻字呀。那些可以称为鱼米之乡的地方，不是鱼就是米，哪有空闲的石头给人涂涂画画呢。这倒成全了丽水，像南明山、三岩寺、青田石门洞、缙云仙都都有摩崖石刻，这些摩崖石刻的文辞之妙、书法之美，堪称浙江翘楚，丽水因而被喻为浙南摩崖石刻博物馆。

丽水有意思

222

有人说在丽水学书法不用看字帖,只要每天到山上呼吸呼吸新鲜空气,然后看看古人写的字,就可以了。比如万象山上以前有赵孟頫写的《崇福寺碑》,缙云县城和仙都有李阳冰写的《城隍庙碑》《黄帝祠宇》和题字"倪翁洞"等,三岩寺里有李邕题字的"雨崖",松阳有他写的《丁丁碑》……

一个地方,能汇集李阳冰、李邕等历代书法大师的作品,实属不易。

石不言语也可人,这些字让丽水的石头变得灵动。

223

不少人到景区里总想留下"某某到此一游"的字眼,证明他不是假装在现场,有些人跑到国外也乱涂乱画,被批有损国格,有损国民形象。其实,古人也是喜欢到处写写画画的。

北宋科学家沈括等人也曾到丽水一游,他们一路过来,都在岩石上涂涂写写,现在反而觉得他们涂得好涂得妙,涂得这些岩石成了国宝。沈括一行从缙云到青田,在缙云仙都鼎湖峰、南明山以及青田石门洞,都留下了"某某到此一游"的题刻。"沈括、王子京、黄颜、李之仪熙宁六年十二月十二日游高阳。"南明山高阳洞中的这一行字,成为沈括来过的最有力证据,也被后人津津乐道。

这字到底是谁写的,无法考证,但这几个人都比较牛,沈括是北宋著名科学家,《梦溪笔谈》的作者;李之仪是著名文学家,他的那首《卜算子》"我住长江头，君住长江尾。日日思君不见君，共饮长江水……"
大家都非常熟悉。正因为他们如此重要，近千年来，这一行字依然被
保护得清晰可辨。

不过，如果他们活在当下，搞不好会被列入文明旅游黑名单。

沈括一行人来到南明山高阳洞，留下了题字

224

比较过分的是，2005 年，电视连续剧《大旗英雄传》剧组在仙都拍
摄时，把景区内芙蓉峡明代摩崖石刻"铁城"两个字用涂料涂得面目全
非。这"铁城"两字是明代书法家郝敬所书。仙都摩崖石刻 2001 年被
列为全国重点文保单位，剧组这一行为，无疑是"在太岁头上动土"，最
后剧组落得个身败名裂的下场，被全国网民诟病。

225

到丽水旅游，仙都是必去的地方。

到仙都，人们总会听到一个传说，那就是黄帝飞升。故事是什么时候开始流行起来的，已不清楚。《史记》有记载，说明司马迁也听说了这个故事。

《史记》中把黄帝升天的情形写得十分逼真，书上有这么一段话："黄帝采首山铜，铸鼎于荆山下，鼎既成，有龙垂胡髯下迎黄帝。黄帝上骑，群臣后宫从上者七十余人，龙乃上去。余小臣不得上，乃悉持龙髯，龙髯拔堕，堕黄帝之弓。"

缙云是传说中黄帝的三大行宫之一，传说中认为黄帝是在仙都鼎湖峰上飞升的。司马迁《史记》中说："百姓仰望黄帝既上天，乃抱其弓与胡髯号，故后世因名其处曰鼎湖，其弓曰乌号。"

据说历史的纪元是从黄帝在鼎湖升仙开始的，那一年为公元前2697年，道历将这一年作为纪年的开始。

226

这段升天的故事写得非常精彩。在仙都底下，人们都在问，这么高的石笋，怎么能爬上去呢？

自2000年以来，缙云开展了多届国际攀岩比赛，好些身手了得的高手徒手爬上了鼎湖峰，将人们想象中的不可能变为可能，只是在下面看的观众的心脏都快要跳出来了。

看来，世上无险峰，只要敢攀爬。

227

仙都古称缙云山,与黄山、庐山并列为轩辕黄帝的三大行宫。缙云的许多史料将缙云山改名这件事情,绘声绘色地进行了描述。

唐天宝年间,鼎湖峰周围五彩祥云缭绕,鸾鹤飞舞,云中仙乐响亮,山呼"万岁"。唐明皇李隆基闻听此景,不禁龙颜大悦:"真乃仙人荟萃之都也",并乘兴御书"仙都"二字。从此,缙云山被敕改为仙都山。

我认为,这样的景象,有可能是民间人士编造的,当时郡守苗奉倩情商非常高,江湖套路深,管它真不真,立即将此事向皇帝做了汇报。这种用神仙故事来取悦皇帝的行为,在君权神授的封建王朝中绝对是合乎情理的,这种套路也堪称无敌马屁功。

228

过去道家所说的三十六洞天,处州占了两席,分别为第二十九洞天仙都山仙都祈仙洞天,为黄帝飞升地;第三十洞天青田山青田太鹤洞天,叶天师居之。七十二福地中的第四福地为南田,"南田,在处州青田"。中华人民共和国成立前夕,南田被划入温州。

229

少微山是丽水南面的城市屏风,自古以来就被称为丽水的文脉。处州对应少微星,这山因奉祀少微君星而得名。

少微山一直以来都是道教名山,山上有紫虚观、神仙宅等建筑。名道葛洪、叶法善、杜光庭等人都曾在此修真,章思廉、徐泰定在此羽化。刘基写过《少微山眉岩神仙宅记》,宋濂也有《少微山神仙宅记》传世。

这座山前几年差点因为连接高速公路而被夷平,还好后来在有识之士的鼓与呼下,其被改为山洞,保留了山体,要不然,这神仙住的地方也没了。

230

丽水历史上下四千年,发现这个历史起点的,居然是一个老农民,有点像兵马俑的发现。之所以说丽水有 4000 年的历史,是因为丽水最早发现人类居住遗迹的地方是好川村。

1997 年 4 月 14 日中午,有个叫王元茂的人驾着推土机在遂昌县三仁畲族乡好川村岭头岗进行推山改田作业,他突然发现黄泥层中出现了好多破碎陶片,上面有印纹,紧接着又推出几件黄泥疙瘩和四个泥碗。这引起了他的好奇,后来层层上报,有关部门先后发掘出 80 座墓葬遗址,面积近 4000 平方米,出土文物 1062 件(组)。经鉴定,好川文化属于良渚文化晚期,至今已有 4000 年的历史。

　　好川文化的发现是浙西南考古史上的首次重大发现,也是史前考古的重大突破。这一发现被列为当年全国重大考古新发现,明确了浙西南的历史开端。

　　历史是由群众创造的,这话太有道理了。

推土机推出的四千年文化

231

　　丽水最早成为一个县,是在建安四年,也就是 199 年,松阳县管辖了现在丽水的大部分地方,至今已有 1800 多年。

　　直到 300 多年后的 589 年,丽水的行政中心才从松古盆地移到碧湖平原最东头丽水城,此后,这里一直是浙西南的中心。

　　丽水九山半水半分田,不像杭甬嘉绍一马平川,也不像金衢地缓坡平，更不像温台沿海，丽水市区是全市唯一可以称中心的地方，所以无论是过去还是现在，这里都是这一区域政治、经济、文化的中心，各县市的人都想往市区挤，这也导致了丽水市区的房价芝麻开花——节节高。

232

丽水地处偏僻，自处州府建立之后，市区的文化教育相对发达，过去好多本土高官都在丽水市区读过书。南宋宰相汤思退，年轻的时候曾在南明山仁寿寺僧房中读过书。大儒王一中也在白云山上的白云禅寺中读过书。辅佐朱元璋开创明朝的刘基，是元末明初著名的军事家、政治家及诗人，他通经史、晓天文、精兵法，被后人比作诸葛武侯，朱元璋多次称他为"吾之子房"。刘基从十四岁到十七岁一直在丽水城上府学。后来他又师从处州名士郑复初，接受儒家通经致用的教育，而且还学习天文、地理、兵法、数学。

过去好多读书人，融合了儒释道的文化，居庙堂之高则以儒家治国，处江湖之远则取道家逍遥，而为人处事则信佛教因果相连，这完全是情理之中的事。

233

刘基，字伯温，历来被认定为中国机智人物的代表，也是丽水历史上唯一一位集政治家、军事家、思想家、文学家于一身的大人物。

这几年，丽水青田与温州文成一直在争刘伯温这个人物。人们都称刘伯温前知五百年后知五百年,可他的神机妙算也没料到在他死后六百年还这么吃香。大家都争着把他当作老乡。

其实都没错,虽说刘伯温出生地和坟墓均在南田,1946年前却一直为青田所属,所以刘伯温一直叫刘青田。他曾被封为诚意伯,所以也叫刘诚意。他死后被追赠太师,谥号文成,后人称他刘文成、文成公。如果不尊重历史,单单说刘基是文成的,那死活也解释不了为什么刘基叫刘青田了。

在丽水市区,有条巷子叫刘祠堂背,这条巷子东起大众路三坊口,西至中山街梅山脚。这里以前有一座三皇庙,所以原来叫三皇岭,后来在明嘉靖年间,又因建有刘伯温的祠堂而得名刘祠堂背。如今刘基祠已荡然无存,但这条巷子和历代政要祭拜刘基留下的大作,依然那么光彩夺目。

所以,刘基与丽水是不可割裂的,可以说,刘基生是丽水人,死是丽水神,只是死后近六百年才将户籍划到文成去。

234

刘基与宋濂、章溢、叶琛并称浙东四先生,朱元璋最终完成帝业,与以刘基为首的四先生的大力辅佐有很大的关系。而这四人中,有三个是丽水人。

朱元璋求贤若渴,攻占浙江金华之后,喜得宋濂,并在胡大海的推荐下,又礼聘刘基以及龙泉人章溢和丽水高溪人叶琛一同前往南京。

章溢官至御史中丞、赞善大臣、太子赞善大夫。叶琛到南京后不久就调任洪都（今江西南昌）任知府，但不幸的是在一次叛乱中被俘，但他死不变节，最终为叛军所杀。

235

丽水作为中心城市，对两个地方的人，吸引力不大。一个是龙泉人。龙泉因剑而名，因瓷生辉，由于城市经济一直都比较发达，龙泉人滋润地生活在文化底蕴丰厚的江浙之巅，这种美好的日子，不可能放弃，所以大多龙泉人骨子里还是比较安逸的，只想把当下的美好生活过好。

所以，龙泉的干部都希望留在本地工作，过老婆孩子热炕头的生活，才是最幸福的。有些外出任职的干部，也是千方百计想回龙泉，他们说，岗位没问题，职级也没关系，就是想回龙泉。最近几年间，好几位在外地当正职的领导，宁愿回龙泉当副职。

如果组织部门领导找龙泉人谈话，问其愿不愿意提拔到外地去，龙泉人十有八九会说如果可以选择，最好是留在龙泉。如果问其愿不愿调配到外地重要岗位，他们保准会说，我还是比较迫切想留在龙泉。

236

还有一个地方的人不太想到丽水城，那就是松阳人。丽水九山半水半分田，松阳人仰仗松古盆地，山比丽水少一分，水与田都多半分，小日子过得挺不错。

自古松阳就有"松阳熟，处州足"的美誉。所以，生活在这种富庶土地上的松阳人,有严重的恋土恋根情结是完全正常的。古时外出当官的松阳人,干得不顺心就辞职回乡,现在好多在外面当领导的,周末必定是回松阳的。

松阳县城居民的住房条件,在全省甚至全国都算好的,普通百姓家,住个几百平方的别墅,也很正常。十多年前,松阳的土地价格才几百元一平方米,如今房价都超万元了。松古盆地上的人住着大宅子,肯定是不愿意走出去的。

237

丽水最愿意走出去的是青田人与庆元人。

青田山多地少,温饱是最大的问题。穷则思变,青田人的性格与丽水其他地方的人不太同,青田人更有温州人的影子,一直受到温州的影响,敢为天下先。青田人自古就有经商的意识,而且敢于走出去,甚至到国外去。现在青田有三十多万华侨在世界一百二十多个国家工作与生活,温州最早的华侨也是因为与青田人是亲戚才被带出去的。

238

庆元是浙江省最偏远的地方,交通不便。庆元人渴望走出大山,总想通过走出去创造更加美好的生活,从而改变命运。早在数百年前,庆元人就与龙泉人和景宁人一样有外出种菇的习惯,他们冬去春回,闯荡四方。庆元全县二十多万人口,在近二十年的时间里,有一半人跑出去过。龙泉干部总觉得哪里也没有龙泉好,庆元干部总觉得哪里都比庆元条件好,所以近十年来,丽水各个县市区中,庆元干部调到外面的是最多的。

239

丽水交通四通八达,长深、丽浦、龙丽高速,条条穿境而过,金温、衢宁、金台铁路,路路都通丽水。现在提起哪条路又要开工,大家没多大感觉,因为习以为常了。不过金丽温铁路开通时,丽水民众还是非常激动的。

金丽温铁路是孙中山先生在《建国方略》中就曾描绘的蓝图,改革开放后,中央专门讨论过建设这条铁路,当年只需投资 4 亿元,最后却因财力问题而流产。1992 年,金丽温铁路准备动工,好多人都去看开工典礼。有个缙云人背着个刚出生不久的小孩子去了,在现场将儿子取名为"胡铁龙"以纪念这件事。有意思的是,高铁开通时,胡铁龙带着怀孕的妻子和老爸去坐了首趟车,上了新闻。普铁到高铁,经历了一代人。

240

丽水人取名特别有意思,海溪没海也没溪,海口离海还有百十公里,市区有个村叫海潮,我觉得叫江潮倒是更合适。缙云壶镇有个高潮村,经常被人拿出来开玩笑。

什么樟树、李树、杉树、鲤鱼、螺蛳,都拿来取成村名。像鱼坑、鲤鱼头、乌鲤凸、蟹岩、螺蛳田背、蛤蟆坑这些都是村名,还有红唇、金鸟、百鸟朝凰,也是村名。更有意思的是,丽水还有叫山魈弄、道士钵、仙人寮、天仙坛、雷公山、和尚岗、佛堂的村子。松阳还有村子叫内大阴、外大阴,遂昌有个村叫大毛坑。

一般叫坪的村,大多在半山腰上。前几天,我开车经过缙云新修的330国道,突然一个路标映入眼帘:上老鼠梯、下老鼠梯。我看了吓一跳,这老鼠梯如何上去如何下来呢?

庆元官塘有个村叫中央处。丽水市郊有个村子叫中堂村,当年温总理来丽水视察时,在车上看到这么牛的村名,就决定一探究竟。进村一看,其实也就是一个普通的村子,并没有出过什么中堂之类的大人物。

241

白云山是丽水的后花园,夏天的晚上,有数万市民登山锻炼或纳凉。这座山被评为国家级森林公园之后,在公园的大门口竖了个门楼,上写"白云森林公园"六个字,丽水市民很不理解,好好的一座白云山,怎么就叫成白云了,叫得太不顺口了。

也许是因为叫白云山的山峰实在是太多了,不说远的,就在缙云城边,也有座白云山。估计这样的山名,早被外地的"白云"宗亲们用尽了。

242

陶渊明"采菊东篱下,悠然见南山"的诗句大家耳熟能详,莲都碧湖有个南山村,过去这个村子以杨梅闻名,又甜又黑的南山杨梅,不亚于仙居杨梅。南山骨伤药也很有名,现在开了好几家骨伤科医院。

243

处州老府学边上,也就是现在的处州中学门外,有条巷子叫龙门岭。龙门岭以前叫迎秋岭,叫着叫着,人们就把它叫作"泥鳅"岭了。

嘉庆年间,教授张骏觉得这种叫法不好听,所以就改为"龙门"岭,意喻学子们个个都能像鲤鱼一样跳龙门。

244

跳龙门是古时读书人的梦想,丽水虽然偏居浙江一隅,但一直以来丽水人还是崇尚教育的。宋代处州人叶宗鲁在《处州应星楼记》碑上写道:"古栝士风彬彬,著闻东浙。"也就是说处州向来以崇学形象立于浙江,从隋至清共有1142人考中进士,其中榜眼4人,探花2人,武状元1人。

245

状元代表着参加科举考试学子的最高水平,金榜题名是光宗耀祖的事，高中状元更是读书人的美好愿望，像绍兴酿状元红的习俗就是对学子的一种美好祝愿。丽水人自古就有状元情结，比如庆元人就一直认为刘知新是状元，当地曾建有状元坊，近几年来不断有人质疑刘知新并非状元。莲都曳岭脚村也认为，村人蔡仲龙本是榜眼，因状元暴毙，因此升为状元，不过也有人认为这是根本没有的事。

遂昌鞍山书院是云峰镇长濂村的一个私塾，明代状元杨守勤登科前曾在这里教过书，他离开书院后赴试，第二年竟连中三元，成为明代科举史上继黄观、商辂连之后的第三人。鞍山书院因而一时名声大噪，成为丽水后世读书人都仰慕的地方。近几年来，这里大打杨状元的牌子，大做状元文章，形成了另一种"状元红"。

246

遂昌历史上，还真的出过一名武状元，他叫周整。1555 年，年过半百的他中了举人，第二年，已是五十五岁的他中了状元。

明朝吏部尚书张瀚在《参将明溪周君暨配谢氏墓志铭》中说，他本来是学文的，很有天赋，擅长赋诗作文，还写得一手好字。"无奈科举不与，偃蹇不遇。"周整中了状元之后，被授锦衣副千户，后来当到三品大官。周整中状元在当时极为轰动，在杭州北关门内大街曾建有状元榜，杭州旧时的周都司巷就是因为他的官职而定名的，锦衣弄以有锦衣副千户周整府第而得名。

247

2000 年后好长一段时间,丽水学生高考成绩都比较差,尤其是一本上线率低得离谱。2009 年,全市文理科一本上线竟仅有 748 人。像丽水中学这样的百年老校,考上重点的人数竟然还不到百人。

那年高考成绩出来后,丽水媒体做了一组报道,将丽水的教育与舟山和衢州进行比较,发现丽水的高考生一本上线人数是衢州的零头,舟山人口比丽水少一百多万,我们高考生一本上线却比舟山少了几百人。于是有人做出经典的总结:衢州人考得好是他们受南孔文化的熏陶,舟山人考得好是有菩萨的保佑。

有人调侃,舟山人从小吃海鲜长大,鱼虾营养丰富,尤其是鱼里含有丰富的"脑黄金",而我们是吃番薯长大的,考不过人家也是正常的。

248

据说舟山人高考前都会去拜南海观音,家长会跟菩萨说,希望不会的都会,做错的老师都批对。

丽水离普陀远,去拜菩萨是不可能的。丽水的老师认为我们靠的是苦教,不靠菩萨保佑。2016 年高考,丽水有一中学在场外打出了两条横幅:"考的全会""蒙的全对"。合影拍照时把两条横幅搞反了,变成"蒙的全对""考的全会",这张照片恰好登到了报纸上,有网友说,还没开始考就开始蒙,不符合逻辑啊,这难道是病急乱投医?

249

丽水官办教育还算是早的。大家都想不到,处州最早的官学办在松阳古市,唐武德四年(621)就办起来了,最初学额仅 16 人。有人认为,松阳最早建县,所以官学也办得早。其实,到 621 年,除松阳外,遂昌、丽水、缙云也都已置县。缙云县学办于唐乾元年间(758—760),那时在缙云当县令的是李白的族叔李阳冰,县学就办在县城东门。

唐元和十二年(817),处州刺史李繁捐俸办学,在府治东南㙛山原社稷坛址建孔庙开办讲堂,创州学之始,一时成为美谈。唐宋八大家之一的韩愈是李繁的朋友,他应邀专门写了《处州孔子庙碑》,这篇碑记成为千古名篇,它将"尊孔"提到了一个新高度。所以唐代著名诗人杜牧在书这块碑的背面时说:"称夫子之德,莫如孟子;称夫子之尊,莫如韩吏部。"

也由于此,丽水孔庙成了"明星",读书人大多都读过韩大师的文章,也就知道处州有这么一座孔庙了。

250

遂昌、龙泉、青田的县学始建于北宋,庆元、景宁、云和等地的县学均建于建县后。历史上,丽水比较有名的书院有很多。丽水市区的南明书院、莲城书院、圭山书院名气比较大,缙云的独峰书院、万松书舍、美化书院、五云书院、右文馆、正本书院,龙泉的桂山书院、筼洲书院、金鳌书院、仁山书院,遂昌的妙高书院、西庵书院、月洞书屋,青田的石

门书院,松阳的明善书院,庆元的松源书院,云和的箬溪书院,景宁的
雅峰书院,都培养了不少人才。

251

我以前经常看武侠小说,金庸、古龙、梁羽生笔下的侠客,个个我
都喜欢得不得了。可能每个人都有武侠情结,丽水人一直有练把子的
习惯,比如现在大大小小的公园里都能看到打太极的身影。很多人说
这不算是习武,而是练体操。

252

以前,外地人有点怕龙泉、庆元、景宁的人,尤其是不敢对他们动
粗,因为三地人大多会"香菇武术"。三地的菇山客冬去春回到菇山种
菇,来回挑担子用的扁担都没有钉子,叫"光棍担"。这种扁担其实是
特制的菇民防身神器,可以应对歹徒突然袭击。万一路遇歹徒,扁担
一拉,立马变为棍子,那棍子一舞起来是虎虎生威。这名声大了,人们
都以为龙泉、庆元、景宁的人会武功。那些年,武侠小说又特别流行,
我读大学时,外地同学知道我是庆元人,就专门问我庆元人到底会不
会武功。

香菇功夫,是一种实战的武术,它就地取材,招式简单,凡是"香菇
客"都会几招,久而久之,成了一种全民武术样式。

防身神功——香菇武术

253

　　智慧在民间，高手在深山。说起武术，丽水还真有专业武术村。村人早晚练武、白日务农，个个身怀武术，童叟皆会刀枪拳脚。

　　遂昌茶园村的武术传统源于清乾隆初年，历经二百七十多年，至今流传有拳术、棍术和枪术，拳术有三种套路，即"开四门""单兵救主"和"父子同拳"，棍术有"红鸡展翅""五虎下山""搓棍对打"，枪术有"七步连枪"，这些招式代代相传，据说这些武术是南少林武僧教习的。

　　传说当时村中的罗姓先民从闽西连城县搬迁到茶园村，常受原居住的毛姓、黄姓财主欺压，加之匪患不断，于是请来南少林武僧教习武功，以护身保家。如果你到茶园村里，碰到的年迈老者说不定就是世外高人。

　　缙云胡源乡的上宕棍也是远近闻名，这种棍法也叫"齐眉棍"，据说是胡氏祖上所创,既可健身又可防卫。上宕功夫的棍法种类繁多,其中"一支香"最为出名。"一支香"极为难练,一般选在夜间研习,先在中堂后边点一炷香,置于与膝盖齐高处,然后灭灯,当练到第十八式,将香火捅灭,但不能伤损香杆,此招杀伤力可见一斑。

有人说,丽水功夫藏于民间,到乡村游时,碰到了热情的人,千万不要随意握手,万一人家拿捏不准力道,那就糟了。

254

丽水人的顶楼,种花的不少,种菜的更多,好多人买房子的顶楼,就是为了买个空中菜园,种点蔬菜、瓜果,其乐融融。

丽水人除了喜欢在阳台种,还喜欢在小区里种,老小区这里一块那边一片,能挖出土的地方,迟早要被开垦成菜地。新小区也是一样,一不小心,绿化带里就种了蔬菜。一些空地,根本不需要政府部门去绿化,过不了多久就变成绿油油的菜畦。

丽水机关干部也热衷于种菜,好多人都租地来种,上班当干部,下班当农夫,这种生活,有大隐隐于市的感觉。

255

由于丽水人喜欢种菜,丽水顶楼的房价要比底层贵得多。十多年前,丽水人跑到衢州投资房产时,看到顶楼反而便宜,于是眼睛也不眨就下手了,后来发现顶楼的房子最难转手,都后悔了。因为衢州有机场,人们都怕顶楼太吵。

256

丽水的宣传语有好多，"艺术之乡，浪漫之都，休闲圣地""秀山丽水，养生福地""长寿之乡"，这些广告词先后在各种媒体上亮相。

丽水人的艺术细胞真是不错，什么都能与艺术搭上边。龙泉青瓷、龙泉宝剑、青田石雕被称为"丽水三宝"。丽水人随便捏个土，可能就是国宝级的宝物；在石头上刻个几刀，也可以当作国礼。无论是青瓷还是石雕，紫光阁及人民大会堂都有收藏和陈列。

丽水三宝：龙泉青瓷、龙泉宝剑、青田石雕

257

在英文中"china"是瓷器的意思，"China"一直以来也是"中国"的代名词，可想而知中国瓷器在世界上的影响力。龙泉青瓷是我国制瓷史上时间最长、影响最大的一个窑系。龙泉青瓷肇始于五代，兴起于北宋，在南宋时技术登峰造极，那时烧制出的粉青釉和梅子青釉瓷器，青如玉、明如镜、薄如纸、声如磬，书写了制瓷历史的辉煌。

明代中晚期后龙泉青瓷开始衰落，其生产历史长达一千多年。龙泉哥窑与官窑、汝窑、定窑、钧窑并称为宋代五大名窑。

258

龙泉窑青瓷在国外也有重大影响，宋元时期就大量出口，陈桥驿在《龙泉县地名志序》中说："从中国东南沿海各港口起，循海道一直到印度洋沿岸的波斯湾、阿拉伯海、红海和东非沿海，……，无处没有龙泉青瓷的踪迹。"现在，光是土耳其伊斯兰堡博物馆就藏有中国古代龙泉青瓷1300余件。

龙泉青瓷被欧洲人称为"美丽的中国雪拉同"，"雪拉同"是著名舞剧《牧羊女亚司泰来》中男主人公的名字。16世纪末，龙泉青瓷被阿拉伯商人携带到欧洲时，因釉色与男主角雪拉同的华服一样流青滴翠而得名"雪拉同"。Celadon由此专指中国青瓷。

1975年，韩国西南部的新安海底发现一艘元代沉船，打捞出2万多件瓷器，其中60%是龙泉青瓷。1987年在阳江海域发现的"南海一号"南宋古船中，也发掘出不少龙泉青瓷。

259

到龙泉看青瓷,发现有两种完全不同的产品,一种是白胎和朱砂胎青瓷,另一种是釉面开片的黑胎青瓷。第一种是"弟窑"产品,第二种是"哥窑"产品。好多人说搞不清楚什么是"哥"什么是"弟",我说其实挺简单,表面看去一片青的,就是"弟窑",表面都是密密麻麻的金丝铁线,那就是"哥窑"。

弟窑瓷的青,是梅子青,是粉青,是豆青,晶莹剔透,犹如雨过天青,又如玉似镜。哥窑瓷的纹,是冰裂纹、蟹爪纹、牛毛纹、流水纹、鱼子纹、膳血纹等,素有"紫口铁足"之称,瑰丽古朴。

260

现在,在龙泉,整座城几乎都是青瓷的味道,一下高速,看到的就是青瓷的各种造型。龙泉青瓷种类很多,碗、盘、碟、杯、钵,令人眼花缭乱,光是喝茶用的壶和杯就数都数不过来。文人墨客比较喜欢笔筒、笔架、瓷砚、笔洗、印色池、镇纸等文具瓷。那些烧香拜佛的人,自然是喜欢香炉、烛台、佛像等供瓷。搞收藏的,当然喜欢莲瓣碗、盖碗、束口瓶、鱼耳瓶、凤耳瓶等艺术瓷。

现在,制瓷技术炉火纯青,一些书画家将书画与青瓷进行了结合,完全颠覆了龙泉青瓷的外观。还有好多酒厂用青瓷当酒瓶,产品一下子就显得有品位了。

261

我有个朋友是搞文物保护工作的,他逢人就这样介绍自己的工作:专业是挖祖坟,上班时常会逛窑子。

他的总结还是蛮到位的,龙泉窑并非只分布在龙泉,庆元有,松阳有,莲都也有。目前发现最早的龙泉窑的窑址在庆元的竹口,丽水上过邮票的一级文物南宋凤耳瓶就是在松阳发现的。丽水许多地方,随便挖个坑,就会挖出宋代明代的青瓷片来。有人说,在丽水挖瓷片比挖番薯还简单。

262

丽水三件宝,两件在龙泉。龙泉宝剑,不仅是一把剑,还是城市的根。

龙泉宝剑以前叫龙泉剑,更早的时候叫龙渊剑,所以龙泉最早的地名也叫龙渊。唐代时,碰到了皇帝叫李渊,皇帝总是很霸道的,他用的东西,民间不能用,他叫李渊,民间凡是叫渊的,就都改了。龙渊就此改为龙泉,龙渊剑自然也改成了龙泉剑。

关于龙渊剑改名龙泉剑是因为李渊,我是持怀疑态度的,因为从一些诗歌中,我们发现了改名的线索。唐代诗人郭震的《古剑篇》中写道:"良工锻炼凡几年,铸得宝剑名龙泉。龙泉颜色如霜雪,良工咨嗟叹奇绝。"

可是南朝梁诗人车敩在诗中说:"雪冻弓弦断,风鼓旗杆折。独有孤雄剑,龙泉字不灭。"

车敩生活在唐朝之前,人家在诗中就称龙泉剑为龙泉剑,这应该怎么解释呢?

263

在冷兵器时代,剑是一种高贵的小型武器,既可攻击,又可防身,武侠小说中常有高手身背龙泉剑。

龙泉剑相传为欧冶子所铸,《越绝书》载:楚王命令风胡子到越地寻找欧冶子,请他铸造宝剑。于是欧冶子走遍江南名山大川,最后他来到了龙泉,凿茨山,泄其溪,取山中铁英,作剑三枚,曰"龙渊""泰阿""工布"。史书记载,他为越王铸了湛卢、纯钧、胜邪、鱼肠、巨阙五剑,所以他是人们公认的铸剑鼻祖。在我看来他简直可以称剑神了,凡是有名的剑,全是他铸的。

但是后来龙泉人是怎样学到铸剑技术的,我的疑问一直没有解开。按理说,在古时,这种独门技术,非一般人能学。根据史书记载,欧冶子铸的剑是铁剑。铁英炼成铁就不知要经过多少道工序,铸剑更是烦琐。欧冶子是无偿传授,还是龙泉人偷师学艺,抑或是自学成才?这是历史之谜。

264

讲起龙泉宝剑,人们总是说它有"坚韧锋利,刚柔并济,寒光逼人,纹饰巧致"之特色。这都很好理解,但就是一把剑,为什么要叫宝剑呢？

　　或许因为在古时，龙泉剑也是一种身份的象征。过去皇帝赐给大臣的尚方宝剑，就是龙泉剑，所以才有龙泉宝剑之称。

　　古时好多人以佩剑为时尚，李白的"宁知草间人，腰下有龙泉"，也说明这点。抗战时期，淞沪会战后，沪杭等地商贾和省级机构内迁龙泉，士绅官贾手拿龙泉手杖剑成为时髦，而且还有个洋气的名字叫"司的克"，凡是拿着这种龙泉手杖剑的，都是有点来头的。

265

　　现在，龙泉剑更多的是出现在影视作品中，龙泉人什么刀剑都会铸，倚天剑、屠龙刀，金庸和古龙小说中的宝剑几乎都铸了一遍。电影《赤壁》里，周瑜、曹操、赵云、孙权、刘备打斗用的剑，全是龙泉铸的。现在看电影也好，看电视也好，凡是看到剑与刀，几乎都是流水的武侠，铁打的"龙泉"。

　　龙泉因剑得名，因瓷生辉，是剑瓷合璧的品质之城，剑与瓷是龙泉城市的魂，也滋养着龙泉人的文化精华，造就了龙泉人刚强如宝剑，温润如青瓷的性格。

266

　　丽水有项荣誉，挺让人羡慕的，丽水是全国第一个获得"中国民间艺术之乡"称号的地级市。丽水人的手很巧，比如不用一钉一铆就能造出桥来，不用笔和墨就能剪出画来。丽水人特别能唱，《牡丹亭》、松阳高腔、二都戏,余音绕梁。丽水人特别能吹能弹,英川乱弹、遂昌十番,让人听得沉醉。丽水人还特别能拍,拍白天、黑夜、人文、山水,丽水人还出国拍摄影大片。

267

《廊桥遗梦》的小说引起了人们了解廊桥的兴趣,丽水是廊桥的故乡,到处可见廊桥。庆元是木拱廊桥的天然博物馆,宋、元、明、清各个时期建造的木拱桥均有保存,各类廊桥近百座,占了全省的三分之一还多,是全国廊桥最多的县。

全国有文字记载建造时间最早的木拱廊桥,是大济甫田桥和双门桥,始建于北宋天圣二年(1024),距今有近千年历史。建于明天启五年(1625)的如龙桥,是全国木拱廊桥中唯一一个个体性国家级文物保护单位。

缙云石桥特别多,有汀步桥、石拱桥等。丽水人有时为了显示自己的阅历,老喜欢说一句话:我走过的桥比你走过的路还多,我吃过的盐比你吃过的饭还多。

268

丽水这个地方,大师特别多,瓷剑石行业中,国字头的、省字头的、市级的工艺美术大师比比皆是。丽水是中国摄影之乡,摄影大师也很多,丽水千人平均相机拥有量在全国数一数二,丽水国家级摄影家协会会员有两百多人,从数量上讲,可以与大上海相比了。

269

手机时代,人人都有照相机,人人都会摄影,在丽水,千万不要说拿个相机就是在摄影,一般人都不好意思说自己懂摄影,都很低调地说是在拍照片。丽水人觉得提摄影,那是艺术,说拍照片,那就是随手玩玩,两者是有本质区别的。

在丽水参加摄影创作活动,拿个简陋的相机去跟拍会让人瞧不起,大多数人会认为,既然你要拍,好歹也要整个像样的器材,要不然就像是开着电瓶车混入婚车队伍里。

有人说单反穷三代,玩摄影是没底的,有些搞摄影的,一个行头就要几十万元。丽水无论开展什么样的活动,都会看到长枪短炮频频聚焦,活动场上永远不会缺的是摄影人。

270

丽水摄影的"八大金刚",名声在外。改革开放初期开始玩摄影的吴品禾、初小青、高金龙等八人组织的"闪光影会",是丽水第一个摄影组织。

现在这"八大金刚"年纪越来越大,基本上都超六十了,看来可以评个摄影界的"八少"或者评个"八大女摄神",因为丽水女摄影家和年轻的摄影家多如牛毛,好多行业都成立了女摄协。

丽水摄影家协会估计是除中国摄影家协会之外最活跃的摄影协会了,丽水摄影家协会下面还有会中会,比如青年摄影家协会、女摄影家协会、商业摄影家协会,估计老年摄影家协会、少年摄影家协会的成立也只是时间的问题。

丽水摄影氛围很好,以前经常有行业类的会议放在丽水召开,会后,总会搞一些与摄影有关的活动,拍个山景、云景、帆影,让人记忆最深的,可能是人体摄影。凡是搞人体摄影活动的,与会者悉数参与,一个也不会少,开会会风也变得空前好,不像在其他地方开会,每次迟到的迟到,早退的早退,拍摄时大家热火朝天。不少人都戏称,丽水人就喜欢用美人计,把开会的会风也搞得这么好。

271

如果说唐诗宋词中,丽水仅叶绍翁有一席之地,但是在元明的戏曲中,丽水却贡献了很大的戏份。比如《牡丹亭》就是汤显祖在遂昌任知县时所写的。"原来姹紫嫣红开遍,似这般都付与断井颓垣,良辰美景奈何天,赏心乐事谁家院。朝飞暮卷,云霞翠轩,雨丝风片,烟波画船,锦屏人忒看的这韶光贱。"这些经典的唱段,遂昌人老少皆会。因《牡丹亭》影响巨大,汤显祖也被称为"东方的莎士比亚"。

丽水有意思

"东方莎士比亚"的代表作——《牡丹亭》

272

　　中国十大古典悲剧之一的《琵琶记》也是在丽水城区诞生的,作者高则诚 1345 年至 1348 年在处州府担任了三年的录事,录事就是负责文书簿案的七品官员。那时,他住在姜山的悬藜阁中,写出了这部千古绝唱。清代的《处州府志》对高则诚在丽水创作《琵琶记》有详细记载:"山上有悬藜阁,即元东嘉高则诚撰《琵琶记》处。"《丽水县志》也有记载:"悬藜阁,在姜山,元东嘉高则诚撰《琵琶记》院本处。"

　　《琵琶记》是历代戏曲出版物中版本最多、流传最广、影响最大的中国古典戏曲作品之一,迄今依然是各地方戏曲剧种经常上演的剧目。《琵琶记》在艺术上所取得的成就,不只影响到当时剧坛,而且为明清传奇树立了楷模。所以,过去人们把它称为"南戏之祖"。

清代泰顺诗人董旂游历丽水时,写下《悬藜阁》一诗,诗的最后写道:"箫管满山城,正唱中郎曲。"

273

丽水男人,不是大师就是师傅。在丽水碰到男士,你叫师傅,准确率八九不离十。丽水男人手艺活比较厉害。缙云烧饼师傅有上万人,松阳到处都是炒茶的师傅,遂昌技工也是县里打造的一个品牌。庆元是石匠之乡、木匠之乡和廊桥师傅之乡,随便找个人就能筑堤坝、盖房子、建廊桥。云和师傅也是知名品牌,在中西部特别受欢迎。

274

丽水有两首市歌,晚会上是必唱的,一首是《我的名字叫丽水》,一首是《南明湖》。现在,丽水大大小小的机关单位,电话铃音都是《我的名字叫丽水》,你打电话找个人,先来段音乐熏陶一下。

275

丽水人蛮浪漫,丽水市郊有个景点,叫"一吻千年",我这种没什么艺术细胞的人一看,就是两块破石头,可浪漫的人并不这么看,他们说这两块石头远远看去像两个人,并取名"千年一吻"。

世上的好多事情,如何描绘是很重要的,这景点名字一改,后来我每次坐车路过时,远远看去,果真像情侣吻在一起。

后来又有位领导看了后,觉得千年一吻要千年等一回,天也荒了地也老了,不够浪漫,所以干脆改成了更为轰烈的"一吻千年"。

276

"春路雨添花,花动一山春色。行到小溪深处,有黄鹂千百……"

秦观眼中这种如诗如画的景致,丽水一年四季都有,街道上、小区里、公园中,四季鲜花盛开,完全是一座江南花城。

为了增添丽水的浪漫氛围,丽水的绕城公路上种了许多玫瑰,大有打造浪漫花街的架势。新湖小区边,专门打造了郁金香主题公园。市区好多空地,一到春天就开满了油菜花。石浦花海、笕川花海、小舟山油菜花都是响当当的主题花景。

277

丽水是花城,一年四季,花开花落花不断。其中,桃花是最常见的。

春天的桃花,是仙女留在凡间的腮红,让满山的树,都害羞了。这桃花,一朵朵地绽放,凡是桃花开过的地方,都长出了许许多多的故事。丽水最早举办桃花节的是九坑,当年的九坑,凭借桃花吸引了无数的赏花客,小小村庄中,人比桃花多。后来仙渡发展桃子产业,年年都搞桃花节,还评选"桃花仙子"。缙云的左库也做桃花文章。这些地方都因为桃花出了名,因种桃发了财,所以人们都说这几个地方的人,交上"桃花运"了。

丽水是浙江的"桃谷",桃子产量占到全省很大的比重。春天桃花落尽,夏秋桃子满树,丽水种了这么多桃子,有人开玩笑说,丽水可能属猴的人是最多的。

278

丽水人的浪漫还体现在节日多,就连光棍节也过出了情人节的味。丽水城市不大,却老是搞相亲会、青年男女联谊会。

丽水人喜欢复古的婚礼仪式,他们觉得回归传统也是另类的浪漫,新郎骑个大马穿堂过巷,新娘坐着轿子巡街,总是很"吸睛"。畲族婚嫁更是有着鲜明的民族特色,穿凤凰装、喝山哈酒、男女对山歌,这种婚嫁仪式还被包装成了旅游项目,让其他民族的人也可以浪漫浪漫,好多"歪果仁"也去体验一把,当一回畲族的新郎新娘。

回归传统的畲族婚嫁

丽
水
有
意
思

279

　　丽水人虽然浪漫,但婚姻习俗却守旧。丽水人娶妻,比门当户对还重要的是年龄要登对。丽水人认为女大一,抱金鸡;女大三,抱金砖。女方小三岁可不行,"女小三",读起来不吉利。另外相差六岁和九岁也是犯冲的。

　　我有个同学,人家给他介绍了一个对象,他自己挺满意,但他重大事项必须向父母报告。起初父母听了对方的条件还是挺满意的,当发现"准媳妇"比儿子小三岁时,这可不乐意了,结果好好的一对鸳鸯就被一棒打散了。

280

　　庆元人乔迁新居时都会做一件事,那就是拜财神。庆元人迎财神的方式与众不同,他们一大早就到银行门口点上香,拜上几拜后,再将香火接到新房子里,寓意财源滚滚。有人觉得拜一家银行不够,要将建设银行、工商银行、农业银行、中国银行全都拜过去。这样一来,就能把更多的财气带回家里。我说如果大家都梦想成真,没准以后每个人家里都成金库了。

281

　　重要客人到来,庆元人往往会放鞭炮相迎,客人走时也会放鞭炮相送。庆元竹坪村清代木拱廊桥在"桑美"中被水冲毁,村民欲集资重建,《浙江日报》《丽水日报》记者去村里采访,一进村就听到噼噼啪啪的鞭炮声,当时记者们都诧异不已,这不过年不过节的,怎么放起了鞭炮? 了解了当地的风俗之后,记者们才知道放鞭炮是迎接自己,个个感动不已,写的文章也就特别给力。

282

温州人对 4 不"感冒",丽水人则不同。丽水人喜欢 6 或 8,有些人对 4 比较忌讳,对 13、14、62、250 倒是无所谓。以前《处州晚报》主办过一个相亲会,一个女生就因为编了 4 号,坚决要求换,她说如果不换,就不参加了。害得我们之后的每一次相亲活动,基本将带 4 的编号去了,以免引起人们的不舒服。丽水人酒席桌子编号,一般不带 4。

283

丽水人都会讲一句龙泉话,那就是"龙泉囡儿老好瞧",意思是龙泉的姑娘特别好看。龙泉的女人很洋气,骨子里都充满了小资情调,讲究生活品质是她们的共性。

都说龙泉出美女,以前有位本土作家,专门研究过龙泉的女孩为什么好看。他认为一则是宋明时龙泉生产青瓷,许多宫廷里的人到龙泉来,他们带了家小妻妾,在龙泉安家落户,从而改变了龙泉人的基因。二是抗战时期,好多的国民党军官的姨太太留下来,被龙泉人娶走了。三是中华人民共和国成立初期,温州上万伐木工人在龙泉,与龙泉人通婚生子,大大改变了龙泉人的基因。

当然这些都是推测而已,我倒是认为,"龙泉囡儿老好瞧"与龙泉一直以来城市经济的发达有关系,再说无论是青瓷还是宝剑产业,都追求精致,这种生产理念,无形中也影响了龙泉人对生活品质的追求。

当然也有人说,女人的美三分靠天生,七分靠打扮,龙泉女孩应该是丽水人中最讲究穿戴的。一般来说,市面上流行的衣服与鞋子,在龙泉总能买到。龙泉女性特别舍得在自己身上花钱,随便做个头发,就要几百上千元。

284

说龙泉女孩最好瞧,松阳人却是一百个不赞成,松阳人始终认为松阳女子是最美的,他们说全市选美比赛,冠军常常被松阳人拿走,有一次选美大赛,不仅冠军是松阳人,十大美女中松阳人还占了五位。他们还说,松阳人不但长得美,心灵也美,杭州有"最美妈妈",松阳有"最美姑娘"。

285

丽水是长寿之乡,历史上寿星不断。唐朝时的道教天师,曾受五朝皇帝宠爱的松阳人叶法善活到了 105 岁。叶法善自曾祖以来三代皆为道士,有摄养占卜之术。叶法善死后,唐玄宗专门写了《故金紫光禄大夫鸿胪卿越国公景龙观主赠越州都督叶尊师碑铭并序》(简称《叶尊师碑》)来缅怀他。

松阳人叶希贤,为明初建文朝南台监察御史,他也活到了100多岁。

据传,清代临海人王世芳活到了140多岁,创造了七世同堂的奇事。老先生能文善武,年轻时候入伍,40岁时中秀才,八旬才中举人,96岁到遂昌当训导,102岁进京为皇太后祝寿,107岁时,乾隆南巡杭州又接见他,万象山上还留有他108岁时题写的碑,碑上面写着"母德宏咸颂圣",以感谢皇恩浩荡。

有人说,正是因为生活在养生福地,才使他活到140岁。

286

《时尚旅游》是这样评价丽水的:丽水没有什么景点,丽水就活在风景里。

难怪丽水的房价这么贵,景观房自然是要贵点。金华房价五六千,衢州房价四五千时,丽水房价就过万了。丽水人均收入比他们低,经济发展比他们差,但房价却遥遥领先,难道风景是房价的催化剂?

都说宁买城市一寸土,不恋乡间一间房。丽水是不恋丽水一间房,宁买他乡一套房。以前,丽水是浙江省经济欠发达的地区,但是房价却是除了杭州、温州之外最贵的。

287

如果用三个字来概括丽水,那就是红绿蓝。绿的是山水,蓝的是天空,红的是土地。

丽水有意思

丽水这片土地是绿色的,更是红色的。丽水每走一步,都是红色旅程。丽水九个县市区均为革命老区,这在浙江独一无二。周恩来、刘英、粟裕、叶飞等革命领导人都曾在丽水留下过活动遗迹。

早在 1927 年 1 月,丽水就建立了党组织。丽水是红十三军的重要活动地区,红军挺进师在丽水创建的浙西南革命游击根据地,是中央红军在浙江开辟的第一块革命游击根据地。抗战时期,丽水一度成为中共浙江省委的机关驻地,又是中共中央东南局、新四军军部、中共中央华东局的重要联络地区。解放战争中,丽水是浙江三大革命游击根据地之一。

丽水每一片土地,都是革命烈士的鲜血染红的。当年,粟裕从江西突围,就是来到丽水的龙泉、庆元、松阳、遂昌一带,并待了三年之久。有人说,粟裕"常胜将军"的卓越军事才华,就是在丽水山沟里练出来的,丽水山多林密,正是打游击战的好地方,从而也练就了他灵活的战术。因而他对丽水也是情深义重,生前就立下遗愿,逝世之后要将部分骨灰安葬在遂昌王村口。

288

丽水城市如小家碧玉,形体自然是难以舒展,小归小,可以前就是没有一条街是直的。所以人们都说丽水人有"宁向曲中求,不向直中取"的精神。前些年丽水提炼出的人文精神中,就有一条叫坚韧不拔。有人打趣说,丽水的街道是典型的"不折不挠"。

"不折不挠"的丽水街道

289

城市的发展，不是一蹴而就的，大多城市最早都是由无数个村子组合而成。丽水在撤地设市之前，"营养不良"，一千多年来就像是个患了侏儒症的人一般，又瘦又小。倒是撤地设市后的这十多年时间，丽水像吃了大补丸子一般，个子一下子就蹿得老高，一个个村子都被融到城市中，成了城中村。这些村子虽然进了城，但骨子里还是村子，所以村村有"市场"，处处可买菜。丽水人常自嘲说丽水马路不多马路市场多，只要有马路的地方，就会有市场。后来卫生城市创建，将马路市场列为整治对象，无奈马路市场生命力非常顽强，野火烧不尽，春风吹又生，创建工作一结束，又死灰复燃。这几年情况略有好转，在创建国家级文明城市过程中，马路市场才慢慢消失。

290

提起水东清,老丽水人没有人不知道的。

水东清是丽水几十年前的一大名人,在没有电视、网络的年代里,他就是市区最出名的公众人物之一。

水东清其实是一个乞丐,职业是讨饭,一年四季他都在街上转。以前长辈们一见小孩子哭就说:"再闹的话,就让水东清把你抓去。"小孩子一听,都被唬住了。

水东清的特色并非如此,也不是现在一夜成名的网红,他的出名凭的是自己口才一流、出口成章,是位优秀的段子手,什么事情都可以编个顺口溜,唱得大家心服口服,所以给钱给物也就心甘情愿了。以前的"老丽水"一段时间没见水东清上门,就会惦记着说,这水东清又好久没来了。

因为知名度极高,前两年花园路要建成名人一条街,将丽水名人的雕塑置于街中,有网友风趣地说,那水东清的雕塑是必须要放的。

我们有位编辑是丽水市区的,谁的标题做得顺口,她马上表扬说:水东清来了。听者也不恼,反以为荣。市作协建了个文学创作的骨干群,名字就叫水东清群,人们都称对方为东清,人人都以水东清自居,看来,这个水东清,真的已成为一个文化符号了。

291

丽水年轻的妈妈喜欢找自己父母帮忙带孩子,在带孩子这个问题上，丽水的爷爷奶奶一般是排第二梯队的。有位退居二线的市领导，帮女儿带孩子，他倒是很乐意。不过带孩子可是苦差事，他经常说：外公外婆二百五，爷爷奶奶跳跳舞，可是这二百五是当得心甘情愿，全身心投入。

292

丽水人介绍家乡，经历了好多次的升级版。改革开放前，一般是说，我是温州边上的或者说我是温州与金华之间的。改革开放之后，先是说，那个仙都，有根石笋很大很大的仙都，就是我们那里的。再后来是说纳爱斯就是我们那里的，你们用的雕牌洗衣粉就是我们家乡生产的。

现在，丽水人一般会这样介绍：我们是浙江最绿的地方，我们那里的空气特别好，而且空气里绝对没有海鲜味。

293

丽水最大的企业是纳爱斯集团，以前我不明白纳爱斯这名字是怎么来的，后来才得知是 nice 的音译，这明显翻译得不对，如果是音译，应该是耐爱斯才对，他们说，纳爱于斯更有寓意。

纳爱斯前身是生产肥皂的国营厂，四十多年前销量全国排名倒数第二，在庄启传老总的带领下，经过几十年的奋斗，成了全世界洗涤行业的知名企业。纳爱斯成功的经验说明，爱是很重要的，一个仅仅纳税的企业可能不能长久生存，一个纳爱的企业，那肯定会越来越滋润，越来越美好。

294

撤地设市以后,丽水进入了改名时代。丽水地区改为丽水市,丽水市改成了莲都区,有人甚至建议干脆将丽水改为纳爱斯市好了,还有人建议将缙云改为仙都县。这些年来,凤阳山改为龙泉山,紧水滩水库取名云和湖,后来又改名仙宫湖,滩坑水库也取名叫千峡湖,淳安有千岛湖,我们有千峡湖,南北呼应。东西岩叫风情东西,南明山叫名人南明,容易把人搞晕。不过,有个名字倒是改得挺好,那就是古堰画乡,原本叫大港头村和堰头村,这名字比较普通,倒是这样一结合,朗朗上口,形象直观,容易"走心"。

295

翻看丽水唯一的市民报《处州晚报》时会发现,丽水拾金不昧的新闻报道每周都有好多篇,这也说明丽水民风淳朴,路不拾遗。

这种社会风尚,早在唐代时就树立起来了。有关史料记载,著名诗人方干来丽水看望段郎中时,曾给当地的卢姓员外写过一首诗《处州献卢员外》,诗中写道:"落地遗金终日在,经年滞狱当时空。"

看来,这种良好风气的保鲜工作做得不错,历经千年也没有变质。

296

丽水人一见面就问"你吃了没"。丽水人老问人家吃过没有,估计是与以前山多田少,粮食比较少有关,所以每个人最关心的事就是温饱问题,久而久之,就成了一种打招呼的日常用语。以前读中学时,有位老师给我们讲课时说了一件尴尬的事,早上刚从厕所出来,一位同事在厕所门口问他吃过了没有。

297

庆元是中国生态环境第一县,到庆元,导游们都会介绍,我们这里生态非常好,所有东西都是生态的,帅哥都叫生态男,美女都叫有机女。什么东西只要标上生态两字都价格倍增。

298

我曾在市区灯塔菜场附近发现有个店名叫福建云吞,当时很好奇,这到底是啥玩意呢?一问才知道是馄饨店。

馄饨有好多叫法,四川人称抄手,湖北人称为包面,皖南称为"包袱",江西称清汤,台湾人称扁食。

丽水人对于馄饨的叫法也不尽相同,市区叫面食,也有人叫面席,缙云人叫面饺。老丽水人说面席配光饼和缙云烧饼配面饺,都是标准的套餐。

299

丽水学院是丽水的最高学府，它的前身是丽水师专，可以说是丽水政界的黄埔军校，丽水大大小小的领导，师专毕业的最多。曾有一阶段，某地常委近一半是同班同学，常委会被人戏称为同学会。师专毕业的学生，都会三项技能：普通话、板书和吸螺蛳。因为那时螺蛳是最便宜的菜，凡是吃饭喝酒，必点螺蛳，所以每个学生都会吸螺蛳。老生们常说螺蛳会吸了，也差不多可以毕业了。现在，师专毕业的学生聚会，总喜欢点盘螺蛳以怀旧。

300

有一次，有位省委书记去庆元调研，庆元的书记向他汇报工作时开玩笑说，欢迎省委书记来省尾调研。你是省委书记，我也是省尾书记。

在座的人听得一愣一愣的，到底什么情况呀。

这位县委书记说，庆元位于浙江省最南部，也就是省里的尾巴。大家如梦初醒，纷纷赞扬这位书记的智慧。

庆元有东部与西部之分，县城以东统称东部，县城以西统称西部，东部比较贫困，西部比较发达，形成了两极的世界。

301

庆元人热情,所以庆元人酒宴特别多,什么事情都可以把人叫起来喝个酒。生日酒、满月酒、结婚酒、乔迁酒,庆元人红白事,喝酒至少能喝三次以上正餐。

有位市民被叫的次数多了,老是包出红包不甘心,可自己不嫁女儿不讨媳妇,没买房子也没装修,没机会叫人喝酒,正在苦思冥想之际,家人灵机一动,说要装修厨房。于是说干就干,立马叫人动工装修,完工后就送请柬叫人喝酒。与其异曲同工的是,有个人因为参加了好多次酒席,有天他干脆将卫生间进行了改造,美其名曰这是房子新装,然后专门摆酒庆贺。因为这种"热情",也引来了媒体的关注。被媒体曝光后,这种情况大有好转。"八项规定"出来后,庆元的酒宴才渐渐少去。

302

丽水人喝喜酒,请柬上说是晚上五点钟,没有六点半是不会开席的,开席了,人也未必来得齐,但龙泉人是例外的。龙泉人喝酒那是分秒不差,说好五点钟开始就一分钟也不会差,如果迟到了,哪怕一分钟,人家也会觉得你是奇葩。只能早到绝不能迟到,时间一到,大家就像小学生上课,都整整齐齐地坐好了。以前有人参加过龙泉的酒席,说人到了但桌上绝不放筷子,到点了才将筷子发给大家。

所以,从这个方面来说,龙泉酒席的契约精神是最好的。

303

丽水地广人稀,以前城乡差别比较大,大家都以进城为荣,特别喜欢强调自己是城里人。一些人在城里买了房子,若是碰到不熟悉的人问他是哪里人,他肯定不会说自己是乡下人,而是告诉对方自己住在哪个小区。以前有阵子,丽水农村的人会花好几万元钱去买居民户口。现在,农村日新月异,发展势头好,好多人又想着回到乡下买房盖房,都以自己乡下有房为荣。

这就是三十年河东三十年河西,事物总是在不断变化。

304

丽水山高路远,在兵荒马乱的年代,简直就是世外桃源。但明末清初,丽水战乱特别多,所以人口大量减少,于是政府专门到福建汀州府各县招徕大批居众到丽水开山植靛。自康熙至乾隆年间,汀州府的人口纷纷移入丽水。据府志记载,到了乾隆年间,汀州人及其后裔占处州府人口的五分之一,在云和、遂昌、宣平等县,外地人口接近或超过了本地人口,像云和县有汀州人两万余。如今汀州府早已消失了,而在异地的丽水,却有着无数的汀州人,用他们独特的语言和生活方式,延续着汀州府的文化。

305

以前丽水不少公路沿线都有露天厕所,有位领导去视察后,就与相关的人员讲,你们这露天测速(厕所)问题,要好好地解决。接待的领导急了,马上打电话问公安,这露天测速到底是怎么回事,公安说没有测速,问了一圈,大家也没搞清楚是什么情况。最后终于搞清楚了,这位领导说的是要解决好露天厕所的问题。

开展厕所革命之后,这些"露天厕所"全部都被整治,换成了一个个有特色的小屋子,还取了诸如听雨轩之类的优雅名字。

306

听到云和这两个字,喜欢打麻将的朋友一定会喜欢,云和云和,就是说和了。

说打麻将是扯远了,云和这名字,是由浮云乡与元和乡两个地方合并之后得名的,其有非常吉祥的寓意。云和的名字和谐,字里行间透露着种种美好的寓意,所以抗战的时候,国民政府专门选择这里当作省政府的临时省会。从 1941 年 6 月至 1944 年 10 月,长达三年多的时间,浙江省最后没有全部沦陷。

中国作协副主席张抗抗给云和二中的题词"云载梦想,和而不同",倒是非常巧妙地对云和两个字进行了解读。

307

　　有人说龙泉的文化是一剑一瓷一麻将,龙泉因剑而名,因瓷生辉,因麻将而休闲。

　　龙泉人最喜欢的娱乐活动是搓麻将,全家都不会搓麻将的龙泉家庭,那是少之又少。龙泉人的娱乐活动,麻将是必不可少的,以至于一些调到外地工作的人因为没人一起搓麻将而不习惯,有老乡聚会时,搓一搓是必不可少的。在龙泉聚会,饭一吃完,即约麻将,逢年过节,唯独麻将不能缺。龙泉人开玩笑,如果龙泉搞城标,除了青瓷、宝剑,最有代表性的,应该在城里搞几个幺鸡作为城市的第三大标志。

308

　　丽水人什么事情都想争个天下第一。比如铸把指挥刀,就叫天下第一刀,这刀还不赖,天安门升旗仪式也是用这把指挥刀。缙云仙都鼎湖峰状如竹笋,高170.8米,是世界最高大柱石,缙云人称之为"天下第一峰""天下第一石""天下第一笋"。青田要打造华侨总部经济,文化部门想把丽水打造成全国春晚的总部。

　　庆元因为生态环境监测数据排名全国第一,于是自称中国生态环境质量第一县。丽水生态环境好,丽水对外也叫中国生态第一市,而龙泉认为自己的生态环境质量全国县级市排名第一,因此也打出中国生态第一市的旗号,一个丽水出来了两个中国生态第一市,一个市级市,一个县级市,把人搞晕了。

309

丽水城市,个个都是国字头的。云和是做玩具的,就叫中国木制玩具城,云和木玩发轫于 20 世纪 70 年代,到目前为止已有数百家企业。庆元是做香菇的,香菇产量全球第一,所以号称中国香菇城。缙云是中国南方黄帝城,景宁是中国唯一一个畲族自治县,松阳是中国绿茶第一市。

有人说青田是中国房价第一县,一个小小的县城,房价要两三万,真是全国罕见。

310

丽水有些地名,取得万分夸张。庆元最高的山叫百山祖,意为百山之祖。管你五岳归来不看山,黄山归来不看岳,反正我就是牛,我是百山之祖。陈诚的故乡叫高市村,不知道的人还以为那是一个城市。缙云也有个村叫唐市。丽水城内有座山叫万象山,万象本是一个虚的概念,可是建公园时,却在"象"字上做文章,写了许多"象"的象形字,搞了一些大象的造型,这万象山,难不成还要养一万头大象在上面?

311

云和最有名的景点是云和梯田,那一年,张抗抗写过一篇关于云和梯田的文章,被好几个省当作高考试卷的阅读理解题目。张抗抗认为,"散落于云和境内的多处梯田,不及云南元阳梯田(亦称哈尼梯田)、广西龙胜梯田那般规模宏大气势雄奇。云和梯田面积不大,却一枝独秀,以玲珑纤巧著称"。

云和人自称那是中国最美的梯田,在各地打广告,也有许多人提出质疑,云和梯田到底美在哪里呢?人家元阳、龙胜都不敢称自己是中国最美。云和人说,云和梯田不大,但是云和梯田四季都有风景。张抗抗的文章是这样写的:"春梯田,是一轴淡淡的水墨画。夏梯田,是一帧精美绝伦的绣品。秋梯田,是一幅色彩浓郁的油画。冬梯田,是一幅轮廓分明、庄严冷峻的黑白木刻。"

云和人说,云和梯田一年四季有云海,冬天还有雪,这是其他地方的梯田不可比的。这理由,如梯田一般,延绵起伏,一说两说,大家都信以为真了。

云雾缭绕的云和梯田

312

瓯江自百山祖边的锅帽尖发源,延绵八百里,好溪、松阴溪、大溪、小溪都是它的支流,小溪与大溪在青田船寮湖边交汇后才叫瓯江。丽水人这几年老是打造瓯江的概念,瓯江文化、瓯江流域治水理、瓯江风情旅游管委会,似乎有独领瓯江的气势,把温州也包含在里面了。有人说这似乎不妥,丽水人说这有什么不妥的,八百里瓯江,我们占了多少,温州才占多少嘛。

313

在丽水,有个广告牌随处都可以看见:烟头不落地,丽水更美丽!

丽水城市非常洁净,有人说走过全国甚至全世界,没有几个城市像丽水这么干净的。丽水城市的整洁,体现在丽水街头很难看到烟头。

"打造捡不到烟头的城市",这样的话,也许只有丽水的领导敢说。一个城市烟民何其之多,而一个城市乱扔烟头者又是何其之多,这烟头怎么管得住呢?丽水管烟头还是有招的,以前市里、区里的书记都带头捡烟头,一时间,成千上万的公职人员一有空闲,就上街捡烟头。环卫工人扫到烟头,可以换成钱物,比如 100 个烟头可以换 10 斤大米,在古堰画乡捡到烟头,还可以换成门票。而媒体经常暗访调查,谁乱扔烟头就曝光谁,所以一时间街头上根本看不到烟头。有人开玩笑,现在不用说在街上不乱扔烟头,在家里、在办公室也不能乱扔了,集中在一起,不是可以低价转让给环卫工人吗?

看来,丽水做生意的人才还是不少的。

314

天下乌鸦一般黑,但云和梯田上,有一群白颈乌鸦,一改乌鸦都黑的说法。

以前,我的一位朋友在这个乡里当书记,有天下基层到农家,农民见一向人缘好的他来了很高兴,有位乡亲说今天在山上抓了两只鸟,要烧起来给他吃。他见状立即制止,然后一看,这乌鸦是白颈的,觉得稀奇,于是赶紧叫乡亲将它放了,然后又请教了相关动物专家才搞明白,这是一种稀有的物种,叫白颈乌鸦。在这一区域有上百只。还好没将其吃了,要不然,这一种濒临灭绝的物种的现状就更糟糕了。

315

丽水野生鸟类多,丽水的"鸟人"也特别多。丽水有一批喜欢摄影的人,以拍鸟为乐,常年在大山之中,有时还将自己变成一个"伪装者",蹲在树丛里或是岩石边,一待就是大半天,或者搭个帐篷,不拍好片不罢休。他们也拍到了许许多多的好照片,比如被称为"鸟中大熊猫"的中华秋沙鸭、美丽的天鹅、威猛的雄鹰。虽然这些人都乐称自己为"鸟人",但市民还是喜欢叫他们"鸟叔"。

常年在大山之中拍鸟的"鸟人"

316

云和是浙江省人口最少的县城,全县仅 11 万人口,比外地一些大的乡镇的人口还少。云和人口不多,但在县城却集聚了半数以上的人,城市化率挺高的。云和县小、城大、人集中,屡屡被浙江省当作城市化可圈可点的样板。

317

丽水水多,靠山吃山,靠水吃水,一批丽水人靠水做起了小水电的生意。丽水瓯江流域水流落差大,随便找个地方,运两台机组来就可以发电了。小水电让一批丽水人赚鼓了腰包,这一现象也引发了全国开发小水电的热潮。小水电生意做得最好的是景宁人。景宁任平，人家称他为中国"民营水电大王"，多次入选胡润富豪榜。

318

好多人以为景宁人都是畲族人，其实并不是，景宁大部分人还是汉族人，畲族人口只占两万还不到，是全县人口的九分之一。景宁人比较会做生意，据说全县有两万多人在北京开超市，首都的小商品，不少都是景宁人提供的。

319

我有位学长，是缙云新建人，大家都不叫他的名字，反而叫他的绰号"鸭子"，他居然欣然接受。开始我还不明白，后来才知道，缙云有"麻鸭之乡"的称号。缙云麻鸭历史悠久，它是我国著名的蛋鸭地方品种，形成良种已有300多年。过去十个缙云人中就有一个是养鸭子的，全县4万多鸭农在全国29个省、市、自治区从事养鸭大业，年饲养量达5000万只以上，总产值60多亿元。

一只麻鸭一只虾，缙云很多人就是靠这两样富起来的。缙云人在家养鸭不够，还专门跑到广东、福建等地养，现在还养虾。

320

丽水人比较注重延续香火，独生子女生两娃，一般是一个跟爷爷这边姓，一个跟外公那边姓。有个朋友，他父亲是上门女婿，所以他跟母亲姓，他的孩子跟他父亲姓，有时出去关于孩子的姓要解释半天，才证明孩子是自己亲生的。

云和有位妇女，非得让女儿的男友当上门女婿，要不然就棒打鸳鸯，不肯拿出户口簿。女儿一气之下将父母告上法庭，通过对簿公堂进行了结。

321

松阳人喜欢在新建的房子顶上挂上红布以辟邪，后来人们觉得这红布既浪费又不美观，就改成挂国旗，于是满城都飘动着国旗，成为一道靓丽的风景线。

322

松阳与遂昌分分合合，两个县也会相互攀比，前些年，遂昌工业经济发达，"五朵金花"分外妖娆，松阳人一直羡慕忌妒恨。最后，他们得出结论，遂昌之所以富，是因为松阳独山山脚被公路所截，风水被破了。松阳人说独山是头猪，以前独山的头朝着遂昌，屁股朝着松阳，吃在遂昌，拉在松阳，所以松阳特别肥沃。后来独山开公路时被破坏过，现在正好反一下，它头朝松阳，背对遂昌，因此富了遂昌穷了松阳。这也是挺能编的。

323

松阳大力打造"田园松阳"的概念,可是现在的松古盆地,田园变成了茶园。自古以来就有谚语"松阳熟,处州足",现在变成了"松阳茶叶熟,四海茶人足"。松阳茶叶产量居全国前列,松阳的茶叶市场是全国最大的绿茶交易市场。

324

青田是著名侨乡,青田人口到底有多少,这绝对是没法计算的。青田户籍人口40万不到,但很多资料表明,全县有30万华侨分布在世界120多个国家和地区。侨即桥,青田是连接世界的桥,党和国家的许多领导人到国外访问,到机场迎接的,不少是青田人。

青田方山是典型的联合国村,一座山村里插着西班牙、葡萄牙、德国、法国等22个国家的国旗,国旗下标注着侨居各国村民的数字。龙现村1500多名村民中有大半在国外,有趣的是一家人或许是好几个国家的侨民。所以当地不少老人大字不识,却能轻松认出欧洲好多国家的纸币,并能大致算出人民币的汇率。

不少华侨将孩子送回国内读书,方山学校的一个班级就等于是联合国大家庭,难怪老师开玩笑说,这些孩子一争吵,就是国际纠纷了。一旦发生摩擦,就等于两国交战。如果几人打成一团,那自然就是"世界大战"了。

位于青田县的"联合国大家庭"

325

　　青田人很大方,朋友聚会,总是抢着付钱。青田靠近温州,青田人和温州人很相似,特别讲究气派,丧事比排场,喜事斗阔气,所以丽水就数青田人酒席红包最大了。青田人与温州人还有一点很相似,那就是特别重男轻女,生个孩子,如果是女儿,人家问他时总是很低调温柔地回答是个女孩。如果生了个儿子,回答时立马变得雄赳赳气昂昂。

326

中国大妈炒黄金,青田大妈炒外汇。青田一个县的外汇,比好多省份还厉害。每天清早,青田大妈就在银行门口排队,她们对各种货币的汇率通常可以说上个一二三四五,青田大妈炒外汇已成为一大怪事。

从使用外币的角度来看,青田是一个国际化的县城,青田的菜场也可以直接使用外币。

青田还有一怪,就是石头比黄金贵。郭沫若老先生到青田后,对青田石雕赞不绝口,他挥毫写下了赞美青田石雕的诗句:"青田有奇石,寿山足比肩。"青田石被称为四大名石,封门清、灯光冻、黄金耀,都是以克计算的,比黄金还贵。

在青田,石头可是硬通货,比美元、欧元还硬,只要你有石头在手,你就可以拿它抵押贷款,可以将它换成房子、车子,换成你需要的东西。难怪青田人说精美的石头会唱歌,岂止唱歌,精美的石头就是金蛋啊。

有次去丽水观看石雕展,老板给我看了一方自己收藏的极品竹叶青,他让我猜要多少钱,我回答不知道。他伸了三个指头,我说三万,他摇了摇头。我说三十万,他也摇了摇头。我说三百万,他点了点头。

用三百万买块大金砖,最起码也能切出四五根像他收藏的竹叶青这般大的金条,这价叫得,也真是把人吓倒。青田玩石雕的人却说,只要东西好,不怕价格高。

327

青田人别墅盖在山上，房价也是高得不行，七八年前房价就要两万元一平方米，那时可以与杭州相比。青田人也把丽水的房价炒高了，有人碰到有个青田人去一小区收房，他从物业那拿来钥匙，但找不到自己的家，搞不清楚自己究竟买了哪一幢哪一套。

328

丽水经济虽不发达，但有钱人还是不少，光从被网络或电信诈骗的金额来看，就知丽水人深藏不露。

前几天，有个报社的记者在采前会上报线索，说有位市民被骗了七十万，编辑们异口同声地说才七十万啊。这几年屡屡有报纸报道某人卡里现金被骗，从几万元、几十万元到几百万元，这几十万元已不是什么新闻了。青田的老人特别有钱，以前一些老太动不动就被骗上百万。而这几年被骗几百万元算小意思了，前几年青田有一位老人遭遇骗局，骗子在电话里说他的账户有问题，叫他马上将钱转到公安部门设置的安全账户里，他一转就转了两千万过去。我估计这骗子也懵了，不费吹灰之力，千万元巨款搞到手，骗子肯定都觉得丽水人太好骗了。

329

　　季羡林在《留德十年》中这样描述青田人:我在这里又想到哥廷根城以外的那一些中国人,不是留学生,而是一些小商贩,统称之为"青田商人"。

　　青田人特别讲义气,重感情。季羡林老先生在《留德十年》中写道,因为帮青田华侨打过官司,认识了一批青田人,后来,他们将他当成好朋友,他回到哥廷根以后,常常收到青田人寄来的东西。"有一年,大概是在圣诞节前,他们从汉堡给我寄来了50条高级领带。这玩意儿容易处理:分送师友。又有一年,仍然是在圣诞节前,他们给我寄来了一大桶豆腐。在德国,只有汉堡有华人做豆腐。对欧洲人来说,豆腐是极为新奇的东西,嗜之者以为天下之绝,陌生者以为稀奇古怪。这一大桶豆腐落到了我的手里,真让我犯了难。一个人吃不了,而且我基本上不会烹调;送给别人,还需先做长篇大论的宣传鼓动工作,否则他们硬是不敢吃。处理的细节,我现在已经忘记了。总之,我对我这些淳朴温良又有点天真幼稚的青田朋友是非常感激的。"

330

　　青田人老乡观念特别强,青田华侨在国外很团结,有人遇到困难,能帮上忙的老乡都会挺身而出。如果你会讲青田话,你到欧洲去,一下子就能找到"组织"。到一般的小饭店吃个饭,你讲青田话,老板可能不会收你的钱。作家阿航曾在意大利开面馆,他说,碰到讲青田话的老乡,这钱你怎么能收啊。他乡遇老乡,这是多开心的事情,吃碗面算什么。

331

33 万华侨,让青田成为一个中西方文化融合紧密的地方。远隔重洋的欧陆文化,随着华侨的脚步,被原汁原味地带到了这里,咖啡是其中一项,红酒也是。

有人说,青田满大街的人都是品酒师,青田人的鼻子对红酒很灵,闻闻就知道是什么酒庄的酒了。

332

讲起丽水的历史,松阳和遂昌是最为古老的两大行政中心,东汉末年,两地就置县了,两县置县时间前后相隔十九年。我在《城读丽水》一书中曾写道,古市就是一座汉唐古镇,而妙高则可以称东吴旧城。松阳是建安四年(199)时汉献帝所设,当时县治在古市,唐代后才迁往西屏。遂昌为孙权时所置,妙高镇自 218 年开始就成为县治所在地。

丽水好多县都有别名,比如遂昌也称为平昌,青田也叫芝田,松阳也叫松州。

丽水有意思

333

丽水群峰叠嶂，涧深流急，是瓯江、钱塘江、闽江、飞云江、灵江和福安江的源头。

浙江省第二大江瓯江，也曾名永宁江、永嘉江、温江、慎江，它发源于百山祖西北麓的锅帽尖，全长 388 公里，因而称八百里瓯江。

浙江省第三大水系椒江发源于仙居与缙云交界处海拔 1184 米的天堂尖，浙江省第四大河流飞云江发源于景宁畲族自治县白云尖。

水是万物之源，生命之本，丽水的目标就是将一江清水送出丽水，让下游百姓也能得到"丽水"的滋养，也让丽水之称名副其实。

334

我小时候看过一个报告文学，说遂昌九龙山上发现了野人。我老家在高山之上，那时我挺担心老家的山上也会有野人突然窜出，所以每次上山干活时，不敢走在前头也不敢落在后头。好几年后都没有发现野人的踪迹，我心才稍安定。倒是现在每次去遂昌，都希望能走一走九龙山，去找一找野人到底在哪里。

丽水九龙山上的野人

335

遂昌人酒量大,酒胆更大,我认识的遂昌人里几乎没有酒量不好的。《处州晚报》有个栏目叫《昨夜今晨》,这个栏目里报道遂昌的事情,三天两头都是关于酒醉的事。遂昌人吃夜宵非常普遍,无论多迟,街上总还有店开着,酒神们都还没有安歇。

336

遂昌人历来比较彪悍,唐末时,卢约响应黄巢起义,率部攻克处州、温州,自镇一方,长达二十六年之久。《资治通鉴》中也有关于他的记载。在自命为处州刺史的二十多年时间里,他倒是修筑起了城市防御工程,成为丽水有史料记载的最早修筑城墙的人。

337

丽水各县市区的名字中,莲都最年轻,仅十七岁,而缙云最为古老,它应该是上古时期就存在了。

光从字面上看,缙云指的是如红锦般的云,但其背后,却是大有来头的。《史记·五帝本纪》载:"黄帝有熊国君,乃少典国君之次子,号曰有熊氏,又曰缙云氏,又曰帝鸿氏,亦曰帝轩氏。"按《史记·本帝本纪》的说法,缙云是黄帝的号。《史记·五帝本纪》中又说,黄帝将官职以五云命名,缙云其实是夏官的名称。还有一种说法是,缙云是部落的名称,缙云氏是炎帝的后裔,姓姜,是黄帝时期的官。

说来说去,有一点是可以明确的,那就是缙云与黄帝有关,所以缙云人也称缙云为南方黄帝城。缙云县城所在地,也因为黄帝以五云命名官员,而命名为"五云镇"。

338

贾逵认为,"缙云氏,姜姓也,炎帝之苗裔"。《左传》文公十八年谓:"缙云氏有不才子,贪于饮食,冒于货贿,侵欲崇侈,不可盈厌,聚敛积实,不知纪极,不分孤寡,不恤穷匮,天下之民以比三凶,谓之饕餮。"司马迁《史记·五帝本纪》中谓:"缙云氏有不才子,贪于饮食,冒于货贿,天下谓之饕餮。天下恶之,比之三凶。"

看来,缙云氏的儿子是一个吃货,怪不得现在缙云的美食是最丰富的。

339

缙云绝对是丽水历史上最早的地名,《民国浙江通志稿》称:"夏禹以前,浙江盖有二国,一为缙云氏,在今缙云县……"

缙云作为一个县,始于唐代。《旧唐书》曾记载,武德四年,置丽州,又分置缙云县。丽州的州治设在永康,四年后,与缙云县一道被撤了。而这个缙云,实际上并非指现在的缙云,而是指永康一带。据《金华县志》记载:有缙云县城旧城,在永康县北。由此说来,这个缙云,是以永康为主,包括现在缙云的北部部分土地。

696年,缙云作为一个县级行政区划,重新出现在唐王朝的版图上。只是这个缙云的范围更靠南边了,是从处州的括苍县东北及永康县南边划出了现在的缙云,这个县名一直沿用至今。

340

缙云有怪石,用刀也能砍。缙云人好多东西都是用石头做的,比如房子是用石头造的,马路是用石头铺的,桥梁也是用石头筑的。民众家里的好多用具都是用石头做的,连喂猪的槽也是用石头凿出来的。这种石头叫凝灰岩,缙云人称它为"条石",其质地柔软,开采时非常嫩,风化后变硬。缙云是著名的石城,到缙云就是看石头房子,逛石头小巷,走石头小桥。

341

二十多年前我第一次去缙云，觉得缙云话就像日本话一样难懂。缙云话虽然难懂，但丽水市区大多人都会讲"我是缙云人"这句话，以前凡是会说缙云话的人，走 330 国道缙云收费站时就可免费通行。那时人人都称自己是缙云人，"假洋鬼子"多得不得了。

所以有人开玩笑说，"缙云人"三个字值十元钱。后来缙云收费站撤销后，所有车辆都可以免费通过，于是又有人调侃"缙云人"现在不值钱了。

342

缙云人最会读书，这是丽水人都公认的，有人说，缙云人会读书靠霉干菜精神，缙云姓潘村，一个村子出了十七名博士，就是靠吃霉干菜吃出来的。现在有人还将霉干菜包装成博士菜，吃了博士菜，必圆博士梦。

以前我倒没觉得霉干菜还有什么精神，我也吃了不少霉干菜，但学习成绩总是提不高。现在，缙云霉干菜扣肉，成为大大小小酒店里的一道名菜。

梅干菜造就了博士的奇迹

343

　　缙云中学名声在外,大多丽水人将自己的孩子能否被缙云中学录取作为会不会读书的标准。缙云人民也以这所学校为荣。以前缙云中学领导跟我说,在上下班高峰期,凡是知道有缙云中学的老师,市民会主动让行,生怕耽误老师上课时间。如果有缙云中学的老师在医院里排队,人们知道后,肯定会自觉让出绿色通道。

　　有这样一件事,十五年前,一缙云中学老师初到丽水,买了个几十平方米的小房子,装修时到市场买了个水槽,讲好价钱准备付款,这时接了个学生家长的电话,电话结束后,老板发现她是缙云中学的老师,于是立减 200 元,这位老师说你这样不是亏了,老板说,没关系,你是缙中老师我就按进价给你,我两个孩子都是缙中毕业的,你们老师这么好,我怎么好意思赚你们的钱呢?

344

缙云人编故事的功夫特别出名,杜撰这个词就是因为缙云人而发明的。

杜撰与杜光庭有关,明代冯梦龙的《古今谭概》及清代褚人获的《坚瓠集》都说"杜撰"起源于杜光庭。

说起这杜光庭,他可是相当牛的一个人,杜光庭是土生土长的缙云人,活到了 84 岁,时人用"词林万叶,学海千寻,扶宗立教,天下第一"这十六个字来形容他。他著述过许多道教的理论文章,被称为后唐道教理论集大成者。《中国思想家评传丛书》遴选出上下五千年中的 270 位思想家,杜光庭入选其中。遴选最具代表性的 100 位浙江籍杰出名人,杜光庭也名列其中。

杜光庭在四川做道士时,出于维护道教的目的,编撰神话故事阐扬道教,引用了许多光怪陆离的故事,又借用佛经的编撰方法,为道教完善神系及理论体系。其《道藏》五千余卷,只有《道德经》二卷为真,其余都是杜光庭所编撰,其中有一部叫《老子化胡经》,说老子骑着五色神牛从函谷关西渡流沙,先唐玄奘近千年到了印度,托生成了释迦牟尼。

因此,后世对于没有事实根据而胡编的著作,叫"杜撰"。《现代汉语词典》的解释是:杜撰是指没有根据的编造或虚构。《古汉语词典》

中说杜撰是指臆造或捏造。

345

杜撰一词虽是由杜光庭而来,但是杜光庭所撰的文章还是货真价实的。杜光庭是公认的有学问的思想家。他的一辈子都与撰书立著有关,他不仅是多产的道家理论家,也是想象力非常丰富的作家,他写了多地游记,古代著名传奇小说《虬髯客传》相传系他所作。杜光庭还是一个诗人,有多篇诗文传世。

346

缙云人编得最有意思的故事还是有关烧饼的。谢灵运到缙云游玩时,听过"黄帝尝炼丹于此"的传说,现在这种传说又被派上了大用场。缙云人硬将烧饼与黄帝扯上关系,说黄帝在缙云飞升之时肚子饿了,就将饼放在炉边烤。炉传三百世,饼香五千年,缙云烧饼店的广告词也正是体现了这个传说。如此说来,黄帝应是烧饼的祖师爷了。

不过,每当烧饼师傅说起这样的传说时,就好像在烧饼里加了传说的佐料,感觉这烧饼更有味道了。

347

在缙云人看来,烧饼就是一种符号,比如打麻将时,一个烧饼代表一筒,九个烧饼就代表九筒。比如汽车牌照,一个人吃四个饼是奥迪,

丽水有意思

一个饼分三人个吃是奔驰,一个饼分四个人吃是宝马。他们还说日本的国旗可能也是受缙云烧饼启发而绘制的。奥运的五环,其实也就是五个烧饼叠在一起。

348

缙云人经常会拜城隍老爷,因为缙云的城隍老爷有求必应。

在唐代时,缙云县令叫李阳冰,他是著名的书法家。759 年农历七月,缙云持续一个多月干旱,直到八月十六还未下过一滴雨,李阳冰看到百姓庄稼受灾,心急如焚,于是亲自上城隍山求雨。他完成了一系列规定的动作之后,并不按常理出牌,而是恐吓城隍老爷,如果五日内还不下雨,就烧了城隍庙。事情也就这么凑巧,五天后,天上终于下起了雨。李阳冰在《缙云县城隍庙碑》中,将此事真实记录了下来。

恐吓城隍老爷的李阳冰

349

缙云一江双城,两岸就用桥连接着,其中最有名的,应该是五云铁桥,也叫五云大桥,以前叫龙津桥。

这座桥多灾多难,乾隆年间改建为石头大桥,可惜没多久就被水冲毁。1826 年,壶镇人吕载扬奉母命捐资建成新桥,取名永济桥。三十多年后又被水冲毁。1860 年开始,缙云人花了五年的时间,由多人捐款,终于重建桥梁,取名同善桥。

1922 年,这座凝聚了各方爱心的桥再次被水冲毁。三年后,各方人士参与募捐,桥址由下游一百多米处移至现址,取名华洋同善桥。之后,这座桥又多次被水冲毁,缙云民众屡冲屡建,现在的铁桥是1963 年建的。

350

丽水是天然的影棚,从 20 世纪 50 年代到现在,许多电影在丽水拍摄。很多人以为著名电影《阿诗玛》是在云南石林拍摄的,其实里面大部分外景是在缙云仙都拍摄的。现在好多的电视剧,室内场景是在横店拍的,室外场景搬到仙都拍摄,所以来过仙都的巨星不计其数,凡是武打与古装的电视剧,基本上都少不了仙都的镜头。

流水的电视剧,铁打的仙都。丽水人看各类古装片时,总会发现熟悉的背景,不同的片子只是人物与情节变换而已,仙都一直是不变的大幕。

351

　　缙云人最喜欢看戏演戏,缙云人喜欢看婺剧,老老少少,只要有演出,总是场场爆满,人人都看得津津有味。后来电视剧出现,其他地方的剧团没戏唱了,而缙云风景独好,县婺剧团解散后,民间冒出了二十多个剧团,每年都活跃在闽、浙、赣三省演出。据缙云有关方面的不完全统计,缙云的民间剧团每年在外演出的场次超过一万五千场。

352

　　丽水推门见山,推窗见山,抬眼望去都是山。丽水是九山半水半分田,这山中,只有三个小盆地,松古盆地、碧湖盆地、壶镇盆地犹如落在丽水这个玉盘上的大珠小珠。

353

　　丽水人这几年都积极做外联与融入的文章,丽水人努力将自己与外面的发展联系在一起。

　　台州人巧借黄梅戏天仙配搞了个旅游线路的"新天仙配",新是新昌,天是天台,仙是仙居,这三个地方搞起了天仙配,于是仙都也主动地融入这新天仙配,要将这两个仙子的戏唱好。

　　龙泉则让凤阳山与武夷山结亲,武夷山脚下住着数万的龙泉人,通过他们,努力将凤阳山融入武夷山旅游线,他们还给这一线路取了个好听的名字,叫"两山"一线。

354

丽水是白云的故乡,白云生处和白云深处都有人家。丽水九个县市区,有两个县的名字带云,分别是缙云和云和,可想而知,丽水是一个被云宠幸的地方。丽水有数千个村子,分散在云端。

丽水人卖好山、好水、好空气,也卖白云,丽水人借助云海的景象,做起了云的生意。比如松阳四都凭借拍摄云海,拍火了寨头的农家乐,百山祖云海也吸引了无数人前往,云和梯田也是因为云海增添了许多姿色。丽水的民宿,凡是带云的,都非常红火。比如云上五天、过云山居、过云平田、云夕酒店、云松问禅、云端觅境、云梅木屋、青山云雨、九云间、云里听蛙、云舍、云隐、云谷山房、云闲斋、牧云居、近云丽舍、浮云一盏。如此多的云,也是让人云里雾里了。

355

浙江西南天然的山村民居博物馆保留了明代的土木结构房子,是丽水活的历史标本。这些白云掩映下的村庄,有着"白云生处有人家"的诗意,也有"结庐在人境,而无车马喧"的宁静。前不久,《瞭望》周刊上发表了题为《在松阳感悟"古典中国"》的文章,将松阳列为"古典中国"的缩影。

丽水有意思

356

"山也清,水也清,人在山阴道上行,处处春云生。"

这是汤显祖在遂昌写的一首词。汤显祖与丽水有着十分深厚的感情,他才华过人却没能平步青云,仕途每况愈下,最后到遂昌当县令。

汤显祖是江西临川人,比起远调广东,调回遂昌也算是回到家乡边上了。而更关键的是,汤显祖的恩师也是丽水人,汤显祖在遂昌当县令期间,专门跑到住在丽水城内的老师何镗的府上做客。

也正是因为在这样的逆境中,还有恩师一家在这里,多少让仕途不顺的汤显祖对政治和人生充满激情,从汤显祖写下的《午日处州禁竞渡》中我们就可以看出来——"独写菖蒲竹叶杯,莲城芳草踏初回。情知不向瓯江死,舟楫何劳吊屈来"。

357

古时的丽水读书人都不喜欢溜须拍马,他们宁折不弯的风骨,也往往影响仕途,但他们觉得无所谓,所以历史上许多官员辞职回家,认为还是老婆小孩热炕头的日子比较顺心遂意。

358

丽水人做事情挺认真,一是一,二是二,而且边界感特别强。别的地方到处争名人,丽水却将名人拒之门外。比如永嘉学派代表人物叶适,宋代著名宰相富弼、朱胜非等人都有此遭遇。

永嘉学派代表人物叶适从曾祖父这一代迁往瑞安,他一直自称龙泉人,他的好多文章署名龙泉叶适、龙泉叶先生等,但是丽水人并不认为他是龙泉人。

北宋名相富弼家住文成南田,一直都是处州所辖,他亦自称括州人。南宋宰相朱胜非葬在青田,叶梦得自认是松阳人,可是清代处州府所编的志书就专门有个说明,说这些人都不是丽水人。

359

丽水人是山里人,但对于海的要求还是比较高,说去海边过年,基本指去海南。台州、温州这些地方的海,丽水人不太喜欢,觉得那水就像田里耕牛犁过时的水一般,没啥看头。丽水人还常跑到欧洲、东南亚去看海。

丽水有个旅游达人叫刘化斋,他一年中大半时间都在外面旅游,已走过近两百个国家,走过的国家之多,远远超过外交部的官员了。

360

有不少顺口溜中提到过"青田的将军"。青田一个县,在民国时期,少将以上的有近百人,堪称民国将军县。

丽水有意思

361

　　丽水有许多关于龙的传说。丽水经常挖出恐龙蛋,最厉害的一次是挖出了一条浙江之前没发现过的龙,所以命名为"丽水浙江龙"。由于丽水好多地方都发现了恐龙,前些年,东西岩景区里的岩石里,有许多石头长得非常像恐龙蛋,引得村民纷纷上山挖"宝",最后专家鉴定,这些都是火山岩的岩泡,让不少人空喜欢一场。

我是丽水浙江龙!

因丽水而命名的丽水浙江龙

362

　　杭州雷峰塔曾经因倒了而轰动一时,丽水也曾因华严塔"倒"了而成为热点。确切地说,龙泉的华严塔是被拆了。华严塔建于北宋太平兴国二年(977),也叫金沙塔,该塔七层十一丈高,因塔内藏有大量《华严经》而得名。塔内发现的大量珍贵文物,被国家首任文物局长郑振铎先生誉为"其价值之高,可与敦煌发现相媲美"。

1956年1—2月之间,这座宝塔竟然被拆了,拆塔的原因是当时龙泉县城关镇道路修建需要大量的砖块,所以这座千年塔倒下了,塔内所藏的大量佛经、绘画、雕刻毁于一旦,后来有识之士写信给国家有关部门,最后追查下来,龙泉的相关领导受到了处分。

2000年后,龙泉华严塔进行了重建。

363

春节时,浙闽边境的山村,许多农户家的门口或天井都立着连枝带叶的树,且树上贴着红纸。这树叫摇钱树,据说凡是砍了这种树的人,新的一年里一定会有好财运,会赚到更多的钱。

砍这种树一般是大年初一后,凡是晴好天气就出行上山,回来时,家人会烧鸡蛋作为奖赏。

我在景宁毛垟看到这种渐行渐远的民俗,果断拍照留存。小时不明白摇钱树的意义,大年初一一过,即约小伙伴去砍所谓的摇钱树,在山上精心挑选枝繁叶茂干直的树砍回,放在家门口,枝条迎风招展,并赢得母亲烧的点心。

我现在才明白,摇钱树只是告诉人们,一年之计在于春,一生之计在于勤,勤劳且懂得季节规律的人,总是能将对摇钱树的冀望变为现实。

364

以前,丽水人经常反思丽水贫穷的原因,人们总是认为,农耕时代田少,九山半水半分田,穷是情理之中的事。改革开放后资源市场两头都在外,不像宁波、台州、温州、舟山,往海里撒个网就能捞出票子来,也不像湖州、嘉兴背靠大上海,与金华拥有的浙中好区位更是没法比,丽水的穷心态蛮健康。

新时代丽水大力解放思想,要变道超车,要为中国的明天留下更多的丽水元素、丽水实践、丽水印迹,"丽水之干"让丽水人一下子看到了新希望。

365

丽水是个好地方,丽水的特色说不完,丽水的故事道不尽,有人说,丽水可以用十八个"一"来概括:莲都是一朵莲花一条河,龙泉是一把宝剑一个瓷,青田是一双白鹤一块石,庆元是一朵香菇一双筷,缙云是一根石笋一个神,遂昌是一朵牡丹一个矿,松阳是一片田园一山茶,云和是一个木玩一个湖,景宁是一只凤凰一壶酒。

图书在版编目(CIP)数据

丽水有意思 / 胡建金著. —杭州：浙江工商大学
出版社，2019.1

ISBN 978-7-5178-2912-6

Ⅰ. ①丽… Ⅱ. ①胡… Ⅲ. ①丽水市－概况 Ⅳ.
①K925.53

中国版本图书馆 CIP 数据核字(2018)第 195123 号

丽水有意思
LISHUI YOU YISI

胡建金 著

出 版 人	鲍观明　　汪海英	
策划编辑	沈　娴　　方晓阳　　方　杏	
责任编辑	蓝安妮　　沈　娴	
责任校对	刘　颖	
插　　图	缪梦阳	
封面设计	未　氓	
责任印制	包建辉	
出版发行	浙江工商大学出版社	
	（杭州市教工路 198 号　邮政编码 310012）	
	（E-mail：zjgsupress@163.com）	
	（网址：http://www.zjgsupress.com）	
	电话 0571 - 88904980,88831806（传真）	
排　　版	杭州朝曦图文设计有限公司	
印　　刷	安徽新华印刷股份有限公司	
开　　本	889mm×1194mm　1/32	
印　　张	6.375	
字　　数	136 千	
版 印 次	2019 年 1 月第 1 版　2019 年 1 月第 1 次印刷	
书　　号	ISBN 978-7-5178-2912-6	
定　　价	68.00 元	

版权所有　翻印必究　印装差错　负责调换

浙江工商大学出版社营销部邮购电话　0571 - 88904970